Hans-Eberhard Lex wurde 1938 in Minden geboren. Nach dem Besuch des Gymnasiums ließ er sich zum Schauspieler ausbilden. Nach 7jähriger Bühnentätigkeit wechselte er in den Journalismus.
Hans-Eberhard Lex lebt in Hamburg und in den Pyrenäen.

André Sebastian Lex, Jahrgang 1967, geboren in Hamburg, begann schon als Zwölfjähriger zu fotografieren. Er arbeitet heute als Kameramann.

Von Hans-Eberhard Lex ist außerdem erschienen:

»An den Stätten der Französischen Revolution« (Band 4012)

Vollständige Taschenbuchausgabe September 1991
Droemersche Verlagsanstalt Th. Knaur Nachf., München
© 1986 Rasch und Röhring Verlag, Hamburg
Umschlaggestaltung Adolf Bachmann
Umschlagfoto André Sebastian Lex
Reproduktion Reproteam, Ulm
Druck und Bindung Elsnerdruck, Berlin
Printed in Germany   5   4   3   2   1
ISBN 3-426-04092-1

Hans-Eberhard Lex:
Zum Sterben schön

Pariser Friedhöfe

Fotos von André Sebastian Lex

Knaur®

Inhalt

SEPULTURE DE LA FAMILLE
BOUILLAT

Grufteingang
Père-Lachaise

Vorwort

Die Pariser begraben ihre Toten auf zwanzig Stadtfriedhöfen. Und jeder hat seine Geschichte und seine ihm eigene Atmosphäre. Erkennbar wird das vor allem auf jenen drei Nekropolen, die Thema dieses Buches sind: Père-Lachaise, Montparnasse und Montmartre. Dem Chronisten bieten sie Historie, Anekdoten und Legenden in Fülle, der Fotograf wird auf ihnen mit einer höchst eigenartigen Bilderwelt zwischen Kunst und Kitsch konfrontiert. So entstanden Ansichten und schmerzlich-süße Reflexionen auf der Suche nach der unwiederbringlichen Zeit.

Der Père-Lachaise, als Friedhof mit Gartencharakter Ende des 18. Jahrhunderts konzipiert und mittlerweile versteinert durch viele Monumente und gotische Grabkapellen in drangvollem Nebeneinander, hinterließ nicht nur in der französischen Literatur — von Apollinaire bis Zola — seine Spuren. Nach seinem Muster wurden Friedhöfe auf der ganzen Welt angelegt, von ihm breitete sich jener Totenkult aus, dem auch wir, die es uns heute vor allem zu den Gräbern der Berühmtheiten zieht, huldigen.

Was treibt die Besucher durchs Gräbergewirr zu den Toten des Père-Lachaise? Sind es spirituelle Vieldeutigkeiten, morbide Erotik, dekadente Lebenseinstellung oder schöne Melancholie, die sich zu jener Romantik verflechten, die besonders im ältesten Teil dieses Friedhofs so fasziniert?

Ganz anders der Friedhof von Montparnasse. »Enfants terribles« wie Baudelaire und Maupassant mußten es hinnehmen, daß man sie Seite an Seite mit Vertretern der von ihnen zeitlebens attackierten und sie verachtenden Bourgeoisie zur letzten Ruhe bettete.

Schließlich die Nekropole von Montmartre, der wohl pariserischste Friedhof mit vielen Belle-Époque-Reminiszenzen. Die Blumen auf den Gräbern verwelken hier langsamer, die Katzen werden älter, die Vergangenheit grüßt gelassen-heiterer. Paris und das 19. Jahrhundert — nirgendwo ist es besser konserviert.

Auf dem Friedhof von Montmartre liegt Heinrich Heine begraben. Der Gang an sein Grab war für meinen Vater jedesmal, wenn er in Paris war, eine Selbstverständlichkeit, ein Ritual. Und immer ließ er Blumen dort zurück. Seine stille Begeisterung für den Dichter war es, die auch mich auf die Pariser Friedhöfe führte und zu diesem Buch inspirierte.

Hans-Eberhard Lex, im April 1986

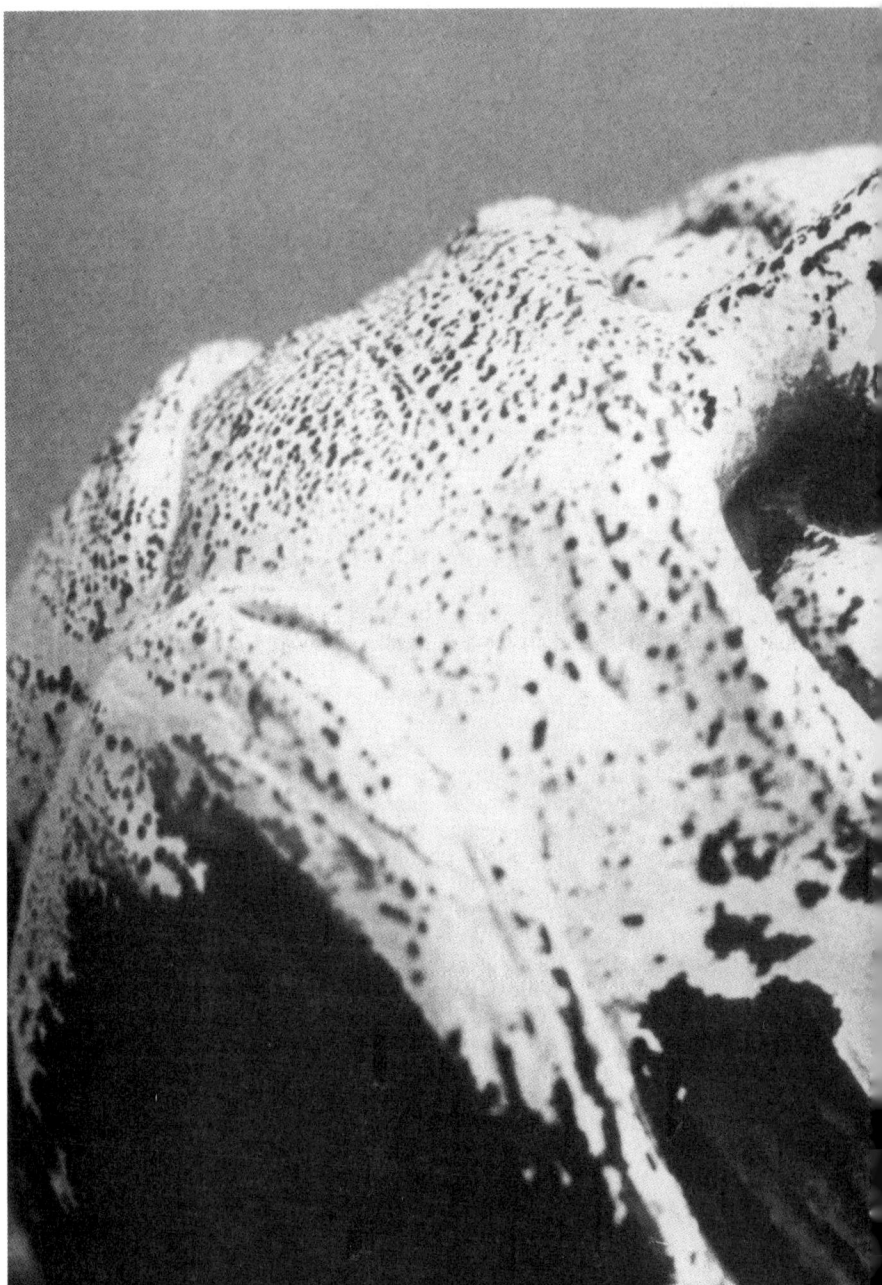

DIE BEWEGTE
GESCHICHTE DES
CIMETIÈRE
DES INNOCENTS

Paris, 12. März 1763
Krisensitzung im Stadtparlament. Prinz Louis-Henri-Joseph de Bourbon-Condé will verhindern, daß in unmittelbarer Nähe seines Petit Palais du Luxembourg in der Rue Férou ein neuer Friedhof entsteht. Den entsprechenden Antrag hat die Gemeinde Saint-Sulpice gestellt.

Die Parlamentarier schlagen sich auf die Seite des Prinzen, formulieren ihre Bedenken: »Uns sind die Klagen der Verseuchung nur allzu vertraut, welche die Friedhöfe in ihrer Nachbarschaft verbreiten, besonders wenn die Hitze der Sommermonate die Ausdünstungen noch mehrt. Die Fäulnis wirkt dann so stark, daß die notwendigen Nahrungsmittel nur wenige Stunden aufbewahrt werden können, bevor sie sich zersetzen, was von der Natur des Bodens herrührt, der zu fett ist, um die Leichname verzehren zu können.« (Dr. Gannal)

Die Gemeinde von Saint-Sulpice wird mit dieser Erklärung hingehalten, der Prinz darf sich Hoffnung auf ein Leben ohne Tote in seiner Nachbarschaft machen. Die von den Parlamentariern angekündigte Untersuchung über die Situation der Pariser Friedhöfe wird voraussichtlich zu seinen Gunsten ausfallen.

Und so geschieht es. Das Stadtparlament lehnt geschlossen den Antrag der Gemeinde Saint-Sulpice ab und wirft die Frage auf, ob nicht alle im Stadtgebiet befindlichen Nekropolen geschlossen werden sollen.

Paris, 10. März 1776
Ludwig XVI., von Gottes Gnaden König von Frankreich und Navarra, spricht ein Machtwort. In einem Acht-Punkte-Manifest unterstützt er die Parlamentarier und ordnet die Schließung aller Begräbnisstätten in der Stadt an. Die Toten seien zwar in Zukunft auf dem Friedhof ihrer Pfarrei zu begraben, jedoch sei dieser »extra muros« — außerhalb der Stadt- und Zollgrenzen — anzulegen und mit einer Mauer einzufrieden. Ausnahmen von dieser Regel gebe es nur für Mönche und Priester, Bischöfe, Erzbischöfe und — Heilige. Sie sollten weiterhin »apud ecclesiam« — auf kirchlichem Grund und Boden — zur ewigen Ruhe gebettet werden. So, wie es 1581 vom Konzil in Rom bereits beschlossen worden sei.

Aber Ludwig XVI. geht noch weiter, wenn er fordert: »Weg mit den Massengräbern, jedem Toten sein eigenes Grab. Dann werden die Friedhöfe weniger stinken. Das ist ein Gebot menschlicher Würde und Frömmigkeit.«

Paris im Jahr 1780, am Vorabend der Revolution
Polizeidirektor Lenoir läßt die alten Friedhöfe schließen. Acht neue am Stadtrand sollen sie ersetzen. In Paris dürfen die Toten nur noch wenige Stunden in kirchennahen Depositorien, vom Gottesdienst bis zum Transport ins Grab, aufbewahrt werden. Ausgenommen natürlich die Vertreter des Klerus, sie werden an Ort und Stelle begraben oder eingemauert. Zum neu-

en Friedhof haben Priester und Verwandte keinen Zutritt mehr. Anfang des 19. Jahrhunderts wird sich das zugunsten der Angehörigen ändern.
Die Schließung und Auflassung der Pariser Friedhöfe war abzusehen. Schon im 17. Jahrhundert hatten sie die Gemüter erregt. So, als anno 1609 Polizeiberichte detailliert empfohlen hatten, wo und wie die vielen Opfer der Pest zu begraben seien. Die Seuche hatte die Stadt schon im 16. Jahrhundert — in den Jahren 1544, 1545, 1548 und 1553 — arg gebeutelt. Und auch 1612, 1619, 1631, 1638, 1662 und 1668 waren Tausende von der Lungen- und Beutelpest dahingerafft worden.
In jenen dunklen Tagen hatten sich auf den Straßen von Paris die Leichen gehäuft. »Denn wer erkrankte«, so ein Augenzeuge, »war dem Tod einfach nicht mehr zu entreißen. Vor allem unter den jungen Leuten wütete die Seuche. Tag und Nacht konnte man in den Straßen Priestern begegnen, die die Sterbesakramente trugen. Mit ihnen mußte man lange um den Preis feilschen, ehe sie sich zu einer Totenmesse herbeiließen. Überall mußten Massengräber ausgehoben werden: fünf auf dem Cimetière des Innocents, vier an der Trinité und an anderen Orten, wo immer man gerade Platz fand.« (Mercier)
Die Kirchenväter reagierten meistens mit Ratlosigkeit. Auf ihren kleinen Friedhöfen, in der Nachbarschaft der Heiligen (»ad sanctos«), waren so viele »Schafe« einfach nicht mehr unter-

zubringen. Und selbst für gutbetuchte Christen wurde die überfüllte Senkgrube von zehn Metern Tiefe und fünf mal sechs Metern Breite mit ihren 1500 Toten zur Endstation des Lebens. Immer wieder gab es deswegen heftige Diskussionen zwischen Gläubigen und Priestern. Aber ebenso rasch, wie sie entflammt waren, versickerten sie auch in dumpfer Resignation und Gleichgültigkeit. Denn der letzte Gang ins große Gemeinschaftsgrab war für die meisten Pariser unabänderlich.
Anno 640 bereits erwähnen die Annalen der Stadt zum erstenmal den Cimetière des Innocents, dem 1186 ein Ruf wie Donnerhall anhaftet. Guillaume de Breton war für ihn verantwortlich. Während einer Inspektion auf dem Gottesacker hatte er dortselbst »liederliche Frauenzimmer, Bettler und Strolche« in flagranti erwischt und seinem König, dem »schönen« Philippe-Auguste, umgehend gemeldet: »Meritricabatur in illo!« (Es wird dort Hurerei getrieben.) Der Herrscher reagierte prompt, ließ eine hohe Mauer um das Gelände ziehen, nicht zuletzt, um die benachbarten und von ihm erbauten »champeaux«, von den Parisern damals schon »les halles« genannt, zu schützen. Das öffentliche Marktleben zumindest sollte ungestört ablaufen können in einer Stadt, in der es schon damals, neben dem bevorzugten Rendezvousort Cimetière des Innocents, rund zwanzig Dirnenstraßen gab.
Trotz solcher Vorsichtsmaßnahmen blieb der Cimetière des Innocents im

Gespräch. Während der erwähnten Pestilenzen und mancher Hungersnöte wurde er sogar als »Menschen-Fresser« berühmt, dessen Erde eine Leiche in neun Tagen zersetzen konnte. (Später, als der Boden gesättigt und somit verbraucht war, sollte ein so schneller Verwesungsprozeß nicht mehr möglich sein.) Und in gleichem Maße, wie Krankheiten die Bevölkerung von Paris über die Jahrhunderte immer wieder dezimierten, vergrößerte sich dieser Friedhof durch seine Massengräber. Oft starben so viele Menschen an der »schwarzen Pest«, »daß man große Gräber ausheben mußte, in denen man die Leichen wie Speckscheiben schichtete, mit einer dünnen Erdkrume drauf«. (Corbin)

In solchen Zeiten hatten die Totengräber Hochkonjunktur, sie arbeiteten in Kolonnen. Die eine Schicht grub die Knochen aus und schaffte sie in die den Friedhof umgebenden Gebeinhäuser (charniers), wo sie — sortiert nach Schädeln, Beinknochen und Rippen — in den Dachstühlen geschichtet wurden (François Villon schrieb hier sein »Großes« und »Kleines Testament«); die Nachtschicht wiederum brachte die gerade Verstorbenen unter die Erde. Ein Arbeitsvorgang, über den sich später Voltaire sehr erregte: »Diese Praktiken waren einfach barbarisch und stellten uns auf eine Stufe mit den Hottentotten.«

Auch zu Voltaires Lebzeiten, 1694 bis 1778, war der Cimetière des Innocents noch gut belegt. Zu Beginn des 18. Jahrhunderts bestattete der Totengräber Poutrain mit seinen Gehilfen jährlich an die 2000 Mitbürger aus rund zwanzig Pfarrgemeinden auf dieser Nekropole. In der Hauptstadt lebten damals rund 600 000 Menschen.

Der sehr große Friedhof in der sehr kleinen Gemeinde Saints-Innocents war immer für Gerüchte und Sensationen gut gewesen. Dieser Ort der Trauer wie der Freude wurde letztlich auch zum Streitobjekt für die Parlamentarier, bis es schließlich zur Auflassung kam.

Im Mittelalter hatte kein Mensch je einen Gedanken an die Trennung von Lebenden und Toten verschwendet. Im Gegenteil. In den Grabkammern des Cimetière des Innocents und in seinen Gebeinhäusern machten Krämer und Händler Geschäfte, ließen Bäcker die Öfen rauchen, schenkten Kneipenwirte Wein und billigsten Fusel aus, dienten sich öffentliche Schreiber an. An den Feiertagen promenierten die Pariser hier wie durch eine Ladenstraße, drängte sich eine schaulustige Menge bei Jahrmarktsdarbietungen und Versteigerungen, Urteilsverkündungen und Gemeindeversammlungen, Predigten und Wunderheilungen. Über den Toten spielte sich das tägliche Leben geräusch- und temperamentvoll ab.

Für die Menschen des frühen und späten Mittelalters waren diese großen Stadtfriedhöfe Brennpunkte des sozialen Lebens. Und der Tod war ihnen ein vertrauter Gevatter — sie kannten ihn ja von den vielen bildlichen Darstellungen in Kirchen und Kapellen, und so bewegten sie sich in seinem Reich mit stoischem Gleichmut.

Erst Anfang des 18. Jahrhunderts tauchten die ersten Kritiken an diesem Zustand auf. Mediziner, vor allem Quacksalber und Wunderheiler, wollten aus den Gräbern Geräusche vernommen haben, behaupteten, Verwesungsgase hätten sich explosiv entladen. Und dann kamen Horrorgeschichten über Totengräber in Umlauf, die beim Auflassen von Massengräbern durch das Einatmen fauliger Dünste tot zu Boden gesunken seien. Andere wiederum berichteten von Kadavern aus Pestzeiten, die eine Hälfte ihres Leichentuchs verschlungen hätten.

Der Friedhof als billiges Séparée, um das sich dumpfe Gerüchte rankten — dergleichen konnten die Kirchenväter keineswegs akzeptieren. So erhoben sie geharnischten Protest und attackierten die Mediziner, als sie die Gräber mit ungelöschtem Kalk zu desinfizieren begannen.

»Mortui sancti!« wetterten die Priester von den Kanzeln: »Die Toten sind heilig!« Und empfahlen den Lebenden, »die Lehren zu vernehmen, die ihnen die Verstorbenen erteilen können. Gerade auf ihren Gräbern muß man sich von der Hinfälligkeit aller menschlichen Dinge überzeugen: Die Grabstätten sind Schulen der Weisheit.« (Ariès)

Im Jahr 1776 lehnt der Pariser Klerus geschlossen den von Ludwig XVI. befürworteten Aussetzungserlaß des Pariser Parlaments ab. Aber schon zwölf Jahre später wird sich der Erzbischof von Toulouse persönlich für die Verlegung aller französischen Friedhöfe »extra muros« aussprechen, nachdem auch die Intellektuellen zu dem Thema Stellung bezogen haben.

So wie beispielsweise François Marie Arouet alias Voltaire, der liebevoll-ironisch der Einäscherung das Wort redet, wenn er schreibt: ·»Welch ein Vergnügen muß es für jeden Bürger sein, dereinst mit seiner Asche die sterilen Ebenen des Flachlands zu düngen und gute Ernte zu garantieren. Auf freiem Feld verstreut zu werden, daran fände ich viel Geschmack.«

Auch Jean-Jacques Rousseau äußert seine Meinung und schreibt an Voltaire: »Daß der Leichnam eines Menschen Würmer, Wölfe oder Pflanzen nährt, dies ist, ich gestehe es, keine Entschädigung für den Tod des Menschen, allein wenn es in dem Plan des Weltalls zur Erhaltung des menschlichen Geschlechts notwendig ist, daß ein Kreislauf der Substanz zwischen den Menschen, den Tieren und den Pflanzen herrscht, so trägt das besondere Übel eines einzelnen Teils zum allgemeinen Wohl bei. Ich sterbe, ich werde von Würmern gefressen, doch meine Kinder, meine Brüder werden leben, wie ich gelebt habe, und ich tue nach der Ordnung der Natur für alle Menschen, was freiwillig Kodros, Curtius, die Decier, die Philenen und tausend andere für einen kleinen Teil des Menschen getan haben.«

Erde zu Erde! Das mochte der Kirche

noch schmecken. Doch mit der Asche verbrannter Menschen zu düngen, mit dem Leib des Herrn die Würmer zu nähren — welche Blasphemie! Und so appellierten Priester und Bischöfe an die Ehrfurcht aller Franzosen vor den Toten: »Ihr habt immer der sterblichen Überreste derer gedacht, die euch lieb und teuer waren. Es ist für euch, wie traurig es auch sein mag, ein wirklicher Trost, von ihnen erst in dem Augenblick getrennt zu werden, da das Grab sie euren Blicken entzieht.«

Diese unvergeßlichen Augenblicke . . . Von ihnen hatte die Kirche jahrhundertelang ungehemmt profitiert. Denn die Hauptrolle bei jenen Zeremonien war keineswegs dem Toten und dessen trauernden Hinterbliebenen vorbehalten gewesen.

Das Recht, an den Beerdigungen *aller* Menschen teilzunehmen, hatten sich zuerst die Ordensgeistlichen gesichert. Diese wiederum hatten es ebenso wie die Verwaltung der Friedhöfe den Pfarreien übertragen, die letztlich den Preis für die Leichenbegräbnisse kassieren durften. Und noch mehr.

In seinem Buch »Tableau de Paris« hat der Zeitkritiker Louis Sébastien Mercier sehr sachlich die daraus resultierenden Zustände beschrieben: »Die Pfarrer bestimmten die Zahl der Priester, der Kerzen, der Fackeln und der Leuchter. Alles hatte seinen festen Tarif. Das Ausschachten der Gräber wurde ebenso berechnet wie der Schmuck des Altars. Und auch der Beichtvater kassierte ab . . . Schließlich verfügte die Kirche auch

noch über eigene Sargmagazine. Die Reichen werden mit Pomp und Lichterglanz begraben, würdig singt man ihnen mehrere Messen, das ganze Kirchensilber wird zur Schau gestellt.«

Den Tod der Herrschenden hatte das Volk durch die Jahrhunderte nur mit gebührendem Abstand erleben dürfen. Erst wenn die Trommeln geschlagen wurden und man Landestrauer befahl, wenn die großen Toten in ihren Särgen auf hohen Katafalken von zwölf schwarzen Rössern durch die Straßen gezogen wurden — dann war es soweit. Dann mußten die da unten noch einmal denen da oben huldigen. Und was deren ewige Ruhe betraf: Sie wurde ihnen in einer Privatkapelle zuteil, auf eigenem Grund und Boden. Oder man kaufte sie ihnen für viel Geld, in einer Kathedrale, unter dem Altar. Ehre, wem Ehre gebührt.

Und die Armen? — »Sie wurden«, schreibt Mercier, »im Schein vierer auf kupferne Halter gesteckte Talglichter und mit einigen Psalmen-Versen aus dem Diesseits entlassen . . . Und noch hatte der Sohn sein Schnupftuch nicht vom Auge genommen, da war der Priester längst über alle Berge und mit ihm zähneknirschend ob der Armut der Verbliebenen und des Erbes auch das andere Personal, der Friedhofswärter mit dem Hinkebein nicht ausgenommen . . .«

Später wurde der Verstorbene dann in ein Laken gewickelt und — weil kaum Geld vorhanden war — »in sein Gehäuse eingenagelt und zu einem Loch getragen. Am nächsten Tag sind fünf weitere hinzugekommen. Erst wenn die makabre Pyramide ihr volles Maß erreicht hat, schüttet der Totengräber die Grube zu.«

»Eingefleischte Bräuche, die« — so Mercier —, »je übler sie sind, desto zäher halten.«

Diesen Mißständen sollen nun städtische Bedienstete, Stadt- und Gemeinderäte Einhalt gebieten, indem sie den Friedhöfen, »kirchlichen Filialen«, eine neue Wertung geben. Die Gesundheitspolizei kann dieses Bemühen mit entscheidenden Fakten unterstützen. Sie schlägt Alarm, als sich in den benachbarten Häusern des Cimetière des Innocents die Einwohner beklagen, daß nicht nur »Stahl, Silbergeld und Tressen schnell an Glanz verlieren, sondern alles, was zum Leben dringend erforderlich ist, sich zersetzt, dergestalt, daß es unmöglich ist, irgend etwas über mehrere Tage frisch zu halten. Die verderblichen Ausdünstungen haben sich bis in den Keller verbreitet und Wein und Bier verdorben, die dort gelagert sind.«

Im Herbst 1779 läuft das Faß im wahrsten Sinne des Wortes über. Feuchtigkeit ist aus einem Gemeinschaftsgrab in die Keller der Häuser in der Rue de la Lingerie gesickert. Man öffnet dieses Grab, füllt es mit einer Kalkschicht auf. Vergebens. Die Verpestung schreitet weiter fort. Der Polizeidirektor macht sich die Situation sofort zunutze und schließt den Cimetière des Innocents am 1. November 1780 für immer. Aber die Vertreter des Klerus wollen so schnell nicht passen. Sie stellen ihrerseits Untersuchungen an und kommen zu dem Ergebnis, daß sich in den anliegenden Häusern nicht mehr Krankheits- und Todesfälle ereignet haben als in anderen Stadtteilen. »Die Nachbarschaft der Friedhöfe ist also nicht gesundheitsschädlicher als die der Weißgerbereien, der Stärkereien und all jener Handwerksbetriebe, die eine gewisse Verschmutzung mit sich bringen.« So schlagen sie vor, die Fenster und Türen dieser Häuser zur Friedhofsseite hin einfach zuzumauern.

Die Gesundheitspolizei lehnt ab, mit bibelfesten Argumenten, zitiert den Rechtsgelehrten Paulus, der schon in den ersten Tagen des Christentums gewarnt hatte: »Kein Leichnam darf in der Stadt behalten werden.« Ähnliches hatte auch der heilige Johannes Chrysostomos gepredigt: »Wenn man einen Leichnam da bettet, wo du schläfst und ißt, bedenke die bösen Folgen.« Diese hatten die Griechen und Römer stets im Sinn, wenn sie ihre Friedhöfe beispielsweise an die Ausfallstraßen der Städte — Beispiel Via Appia in Rom — verbannten.

Die alten Christen hatten davon ebensowenig gehalten wie von den Ratschlägen weiser Propheten und Heiliger. Die Nähe der Toten war ihnen stets eine schöne Selbstverständlichkeit gewesen. Nur Verdammte und Exkommunizierte, Mörder und Ehebrecherinnen, Diebe, Sektierer und Kinderschänder waren auf dem Schindanger gestei-

nigt oder gehängt worden. Und dort,
auf dem verfluchten Galgenplatz, hatten die Toten, wie auch später üblich,
oft monatelang zur Abschreckung der
Lebenden gehangen.
Der Klerus hatte diese Sitten immer unterstützt. Seine Hirten und wohlhabenden »Schäfchen« waren ja immer be-
stens untergebracht worden, wurden
nobel im Trocknen, in Domen und Klöstern, gebettet. »Aber auch dort«, erkennt Mercier zu seiner Zeit mit feiner
Nase, »vergiftet der Verwesungsduft
die Frommen. Fast alle Kirchen sind
voller Leichengestank.«
Die Parlamentarier und der König bleiben unerbittlich: Nachdem seit seinem
Bestehen zwei Millionen Menschen auf
dem Cimetière des Innocents begraben
wurden und seine Erde bis auf eine
Tiefe von zweieinhalb Metern total ver-
pestet ist, ist seine Schließung unum-
gänglich und unanfechtbar, ebenso wie
die Gründung neuer Begräbnisstätten
außerhalb der Zollgrenzen. Sie sollen,
so hat es der Stadtrat Jean Molé den
Vorstellungen Seiner Majestät entsprechend konzipiert, »sauber und gut zu
pflegen sein«. Gemeinschaftsgräber
sind nur noch in Notfällen einzurich-
ten, und dann unter strengster Aufsicht
der Gesundheitspolizei. Einzelgräber
sollen die Regel werden. Diese wiederum können, gegen eine nicht geringe
Gebühr, nach Belieben sogar mit Monumenten verschönert werden.
An diesem Konzept hat sich bis heute
nicht viel geändert. So wie damals dürfen Priester und Pfarrer in ihren Kir-

chen den Toten und ihren Angehörigen zwar die Messe lesen, der Weg zum
Grab jedoch wird nur auf ausdrück-
lichen Wunsch erlaubt.
Gut gelüftete Gotteshäuser, in denen
man nur noch den Geruch brennenden
Weihrauchs wahrnimmt — schön und
gut. Aber die Toten für immer von den
Lebenden zu trennen und ihre Vertreter der wichtigsten Funktionen entho-
ben zu sehen, das will der Kirche in der
Zeit um 1780 nicht gefallen. Aber auch
sie kann die Verweltlichung der Friedhöfe nicht mehr aufhalten.
Die Auflassung des Cimetière des Innocents beginnt im Januar 1786 und
nimmt 15 Monate in Anspruch. Achtzig
Grüfte und fünfzig riesige Gemeinschaftsgräber werden auf dem »Menschen-Fresser« ausgehoben. 20 000 in
Tücher gehüllte Leichname und Skelette werden geborgen. Ärzte und Polizei-
helfer wachen ebenso wie vom Parla-
ment der Stadt ausgewählte Priester
über die Wahrung von Anstand und
Würde. Große Becken mit brennender
Kohle und schwelendem Schießpulver
schützen die Totengräber während der
Exhumierungsaktionen vor gesund-
heitlichen Schäden. Denn die Angst vor
tödlichen Giften und Gasen ist gegen-
wärtig und sehr aktuell.
Etwa tausend Pferdekarren befördern
die Gebeine in die Katakomben von
Paris, Place Denfert-Rochereau. Rippen, Wirbel, Brustbeine, Fußknöchel
und Schlüsselbeine, Arm- und Beinknochen, Finger- und Zehenknochen
werden hier in den Nischen zu würfel-

förmigen Pyramiden (bourrages) aufgetürmt. Vorn schließt meist eine Wand gut erhaltener Schädel ab. »Der Schönheitssinn der Arbeiter«, berichtet später ein Zeuge dieser Vorgänge, »weiß die Schädelreihen und die gekreuzten Totengebeine zu verschiedenartigen symmetrischen Mustern zusammenzufügen.«

Nach Schließung des Cimetière des Innocents sind die Friedhöfe von Saint-Eustache, Saint-Étienne-des-Grès, Saint-Landry und Saint-André-des-Arts und ihre Gebeinhäuser an der Reihe . . . Die menschlichen Überreste von den einzelnen Nekropolen versucht man auch in den Katakomben zusammenzuhalten, kennzeichnet mit Schildern ihre Herkunft.

So wandern einige prominente Zeitgenossen ein zweites Mal unter die Erde. Die Philosophen Blaise Pascal und René Descartes, der Humanist und Schriftsteller François Rabelais und der Komponist Jean-Baptiste Lully gehören dazu.

Später, während der Revolution, finden viele Mitglieder aus den Häusern Valois, Bourbon und Orléans, meist kopflos, den Weg in dieses Reich des Todes, das auf seinen 11 000 Quadratmetern heute die Überreste von sechs Millionen Menschen birgt.

Einigen wenigen bleiben die Katakomben erspart. So wird das tragische Liebespaar Abélard und Héloïse nach der Zwischenstation in einem Privatmuseum das kommende Revolutionschaos überleben. Anfang des 19. Jahrhunderts finden die Liebenden auf dem Père-Lachaise ihre letzte Ruhestätte.

Im Jahr 1784 existiert der Cimetière des Innocents nicht mehr. Auf seinem Gelände wird sich später ein riesiger Markt ausbreiten, dessen Grundstein König Philippe-Auguste 1183 mit der Errichtung der ersten zwei Hallen in unmittelbarer Nachbarschaft des Friedhofs gelegt hatte. 1851 baut L.-Pierre Baltard auf Wunsch Napoleons III. zehn neue Stahlpavillons. In ihrem Inneren, dem »Bauch von Paris«, gibt es breite Straßen, verglaste Kuppeln, geräumige Keller mit umfangreicher Wasser- und Stromversorgung.

»Les Halles« wurden in unserer Zeit abgerissen, um einem Einkaufszentrum, dem »Forum des Halles«, Platz zu machen.

PARIS VOR DER
REVOLUTION:
GEIST GEDEIHT
IM SCHMUTZ

Paris am Vorabend der Revolution
Der Geist der Aufklärung beherrscht die Köpfe. Das Ancien Régime durchlebt die letzte Phase seiner philosophisch-literarischen Hochblüte. Prominente Meinungsmacher sind en vogue. »Zurück zur Natur« will Jean-Jacques Rousseau seine Anhänger führen und auf freie Sexualität einschwören. Liebe und nicht Konvention soll die Menschen zusammenführen. Der »citoyen de Genève« (der Bürger aus Genf) möchte die Gesellschaft in einen paradiesischen Urzustand versetzen. Sein Zeitgenosse Voltaire höhnt: »Man bekommt beim Lesen Lust, auf allen vieren zu gehen.«
Voltaire ist die Sonne der Aufklärung. Sein sarkastischer Witz erleuchtet das Zeitalter. Individualistisches Multitalent und eitler Pfau zugleich, schlägt er am Hof des Preußenkönigs Friedrich II. ebenso sein Rad wie vor Ludwig XVI. und Madame Pompadour. Aber erst nachdem er bei diesem illustren Paar in Ungnade gefallen ist, wird er zum Spiritus rector der vorrevolutionären Jahre. Daß er 1778 stirbt, ist eigentlich tragisch. Welche Wirkung hätten Spott und Ironie des Aufklärers auf jene gehabt, die dann das neue Frankreich unter blutigsten Wehen gebären sollten? Wie sehr hatte er doch die Köpfe bewegt, die später abgeschlagen wurden.
Frankreich am Vorabend der Revolution
Moralisten und Philosophen, Romanciers und Lyriker lassen sich voller Vorahnungen auf spektakuläre Themen

ein. Charles de Montesquieu aktiviert mit maliziösem Charme in seinem Lebenswerk »L'esprit des lois« (Vom Geist der Gesetze) die französische Moralphilosophie und geißelt unbarmherzig die politischen Verhältnisse des Landes.
Denis Diderot wiederum betrachtet seine Umgebung durch die rosarote Brille und interpretiert in seinen Romanen und Dialogen (»Jakob, der Fatalist«, »Rameaus Neffe«) die Chronique scandaleuse der Epoche als genüßliches Spiel. Mit seiner Enzyklopädie jedoch, einer Zusammenfassung aller neuen Erkenntnisse in den Naturwissenschaften und der Philosophie, erregt der Schöngeist über Frankreichs Grenzen hinaus Aufsehen.
Choderlos de Laclos spielt mit seinem Buch »Gefährliche Liebschaften« den Sittenrichter; Abbé Prévost d'Exiles beschreibt Liebe und Leiden der Hautevolee in »Geschichte des Chevalier des Grieux und der Manon Lescaut« und kreiert einen neuen Typ des Frauenromans.
Und schließlich ist da noch der Lyriker André Chénier mit seinen sensiblen Versen. Er soll die Grausamkeit der Revolution am eigenen Leib zu spüren bekommen: Am 25. Juli 1795 wird man ihn wegen »Revolutionsfeindlichkeit« köpfen.
Die bildende Kunst jener vorrevolutionären Jahre gefällt sich in höfischer Schäferlyrik. Kitschige Pastoralen in Öl idyllisieren das Landleben und verbinden Rousseaus Natursehnsucht mit

künstlichen Lebensformen. Perücke und Reifrock sind dabei die wichtigsten Requisiten. Die meisten Maler pflegen einen Stil, der rasch zur Mode verkommt.

So läßt Boucher üppige Nymphen in klaren Bergbächen planschen. Cherchez la femme! Auf Louis-XVI.-Gestühl und reichverzierten Ottomanen räkeln sich kokett die Kokotten. Jean-Baptiste Greuze verewigt Galanterien. Da schaukeln unter mächtigen Eichen Hofdamen, denen die Galane, von den Grazien der Zeit gesegnet, mit schielendem Blick zu Füßen liegen. Fragonard wiederum verherrlicht Landpartien mit Theatervorstellungen auf Naturbühnen, gewährt intime Einblicke in die Boudoirs von Paris und in die Boskets von Versailles. Überall die gleichen Variationen desselben Getändels. Gekräuseltes Dekor, gekräuselte Perükken. Und dazwischen das rosige Fleisch üppiger Schönen.

Mit gebietender Würde überstrahlt Nicolas Poussin alle diese Zeitgenossen. Der Antike näher als diese, leitet er vom 17. Jahrhundert zu den Meistern des 19. Jahrhunderts über. Seine Landschaften, oft nur aus Himmel und Erde bestehend, sind klassische Etüden, die die Welt im Kern begreifen wollen. Die Launen seiner Zeit sind hier nur in Fußnoten zu finden.

Und die Musik? — Sie plätschert dahin. Rameau darf brillieren. Erfolge verbuchen auch Boieldieu, Auber und Grétry. 1776 entfesselt der deutsche Gluck zwischen seinen und Puccinis Anhän-gern in Paris einen Opernskandal. Maria Luigi Carlo Cherubini ist noch nicht über die Anfangsgründe der Kompositionslehre hinaus, während der Revolution wird er dann aufblühen, zum Idol werden. Die Ouvertüre zu diesem Fanal ist nur Kammermusik, gespielt von wenigen Auserwählten. Ansonsten viel Klingklang, jede Menge Niedlichkeiten, die oft zu Platitüden verkümmern.

Das Ancien Régime wankt.

Revolutionäre Gedanken spuken bereits durch viele Köpfe, unter den Perücken jedoch wimmeln Läuse. Die Damen der Gesellschaft verbergen mit starrem Lächeln ihre Hautinfektionen unter dicken Puderschichten. Und mancher Liebhaber kränkelt nach galanten Stunden mit einer solchen Schönen dem Ende entgegen. Denn unter den weiten Röcken nisten nicht selten üble Geschlechtskrankheiten.

Im Zeitalter der Aufklärung kennt man zwar schon 1222 Wirbeltiere namentlich (1911 werden es 34 400 sein), erfindet Chaumette 1751 das Hinterladergewehr, erreicht de Bougainville 1769 auf seiner Weltreise bereits Haiti, die Salomonen und Neuguinea, klärt de Berthollet 1784 über die bleichende Wirkung des Chlors auf — aber die Medizin und die Naturwissenschaft stekken noch in den Kinderschuhen. Denn mit Erkenntnissen über die Regeneration von Regenwürmern und der Jungfernzeugung der Blattläuse (Bonnet, 1770) ist es angesichts katastrophaler Hygienezustände nicht getan.

Die Ärzte der Hauptstadt befinden sich,

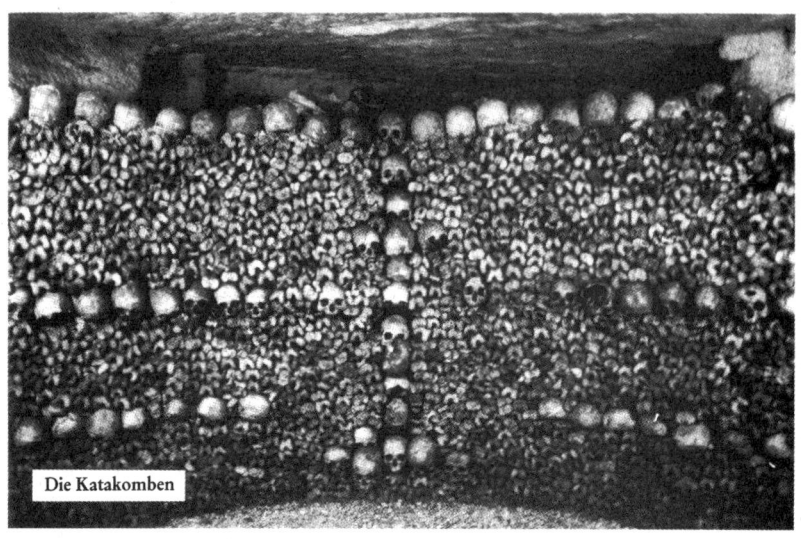

Die Katakomben

wie man später lesen wird, im Zustand erster, aber vielversprechender Leichensektionen. Bei der Auflassung des Cimetière des Innocents sind sie Stammgäste, sichern sich in dem riesigen Labor Schädel oder Skelette, »um der Geschichte der Zersetzung von Leichnamen in der Erde einen neuen Wissenschaftszweig hinzuzufügen«. Erste Ergebnisse lassen nicht lange auf sich warten: Eine neue Form der Mumifizierung »en gras« (in lehmiger Erde) wird von ihnen empfohlen, um die totale Verwesung und Austrocknung eines Verstorbenen zu verhindern. Bereits 1738 hatte man eine vage Vorstellung davon gehabt, als schwere Erde für die Zersetzung von Leichen als ungeeignet befunden wurde.

Mit der Fäulnis der Körper beschäftigen sich Wissenschaftler und Mediziner intensiv. Mal weisen sie bei Exhumierungen auf mangelnde Elastizität der Luft und die damit verbundene Ausdünstung fauliger Miasmen hin (1775 bestätigte de Morveau die Ansteckungsgefahr durch Miasmen und empfahl das Giftgas Chlor als Desinfektionsmittel), dann wieder diagnostizieren sie den Leichendunst als enorme Gefahr für das vegetative Nervensystem des Menschen.

Die Revolution wird zu diesem Thema wenige Jahre später ihr eigenes Memento mori sprechen: Der Leichengestank aus den Gräbern der Reichen verschlägt einem ebenso den Atem wie der aus den Massengräbern der Armen.

Den Atem verschlägt es vor allem den etwa 650 000 Einwohnern von Paris. Die Stadt stinkt und befindet sich in einem miserablen Zustand. In den verdreckten Straßen hinterlassen nicht nur 21 000 Kutschen- und Karrengäule ihren Mist. Kloakenleerer entschlämmen die Kot-Tonnen einfach in die Gossen, um sich den Weg zum Schindanger zu ersparen. Und die Bürger tun es ihnen nach und entleeren die Nachtgeschirre einfach aus den Fenstern. Der Fäkaliengestank ist überall pestilenzialisch. Louis Sébastien Mercier beobachtet skandalöse Vorfälle und hält sie in seinem Buch fest. »Zerstückelte Leichen, gestohlen oder gekauft von jungen, anatomischer Übung bedürftigen Chirurgen, werden oftmals in die Senkgruben geworfen. Die Arbeit der Kloakenreiniger, die schon schrecklich genug ist, wird dadurch noch gefahrvoller, macht, die ihr nachgehen, krank, vergiftet, ja tötet sie sogar.« Polizeivorschriften, die solche Unsitten ausräumen wollen, werden nicht beachtet. Vor allem die Handwerker gehen mit ihren Abfällen sorglos um. Walkmühlen und Weißgerbereien verstärken die urinösen Gerüche, die wie eine Glocke über manchen Bezirken hängen. In den Höfen der Schlachtereien verbindet sich der Gestank von Mist und organischen Resten mit den übelriechenden Gasen der Gedärme. Mercier kann sich nur wundern: »Ich frage mich, wie ein Mensch es hier überhaupt aushält, in diesem dreckigen Schlupfwinkel aller nur denkbaren

Laster und Übel, die sich vielschichtig übereinanderhäufen . . .«
1779 wird die Reinigung von Paris zum Thema eines vom Stadtparlament ausgeschriebenen Wettbewerbs. Einer der vielen erstaunlichen Vorschläge empfiehlt, in jedem Stockwerk eines Hauses eine Kiste für den Kehricht aufzustellen; ein anderer rät jedem Hauseigentümer zu einem Verschlag »mit Schiebetür« zu ebener Erde . . .
Am königlichen Hof leben Ludwig XVI. und seine 15 000 (!) Angestellten ohne auch nur einen toilettenähnlichen Verschlag sorglos dahin. In Sachen Hygiene haben sich die Herren und Damen schon längst Beschränkung auferlegt. Freiwillig. In die Wanne steigen die Herrschaften nur im Krankheitsfall. Und so manchen Hofherrn zieht es täglich zur Kaktushecke in den Tuilerien, um dort, ganz eins mit dem Volk, seine Notdurft zu verrichten. Diesem alten Brauch macht zwar die Schweizergarde auf Drängen des Polizeipräsidenten ein Ende, dafür kommen dann die Seine-Quais in Mode.
Am Vorabend der Revolution zeigen solche Mißstände in der total überfüllten Stadt endlich Wirkung: Nicht nur die Friedhöfe müssen aus den Wohnbezirken verschwinden, auch die zahllosen Senkgruben sollen endlich chemikalisch behandelt werden. Der Jauchesumpf, in dem Paris zu ersticken droht, muß ausgetrocknet werden. Aber dann sprengt die Revolution alle guten Vorsätze. Und die Stadt versinkt im Blutrausch.

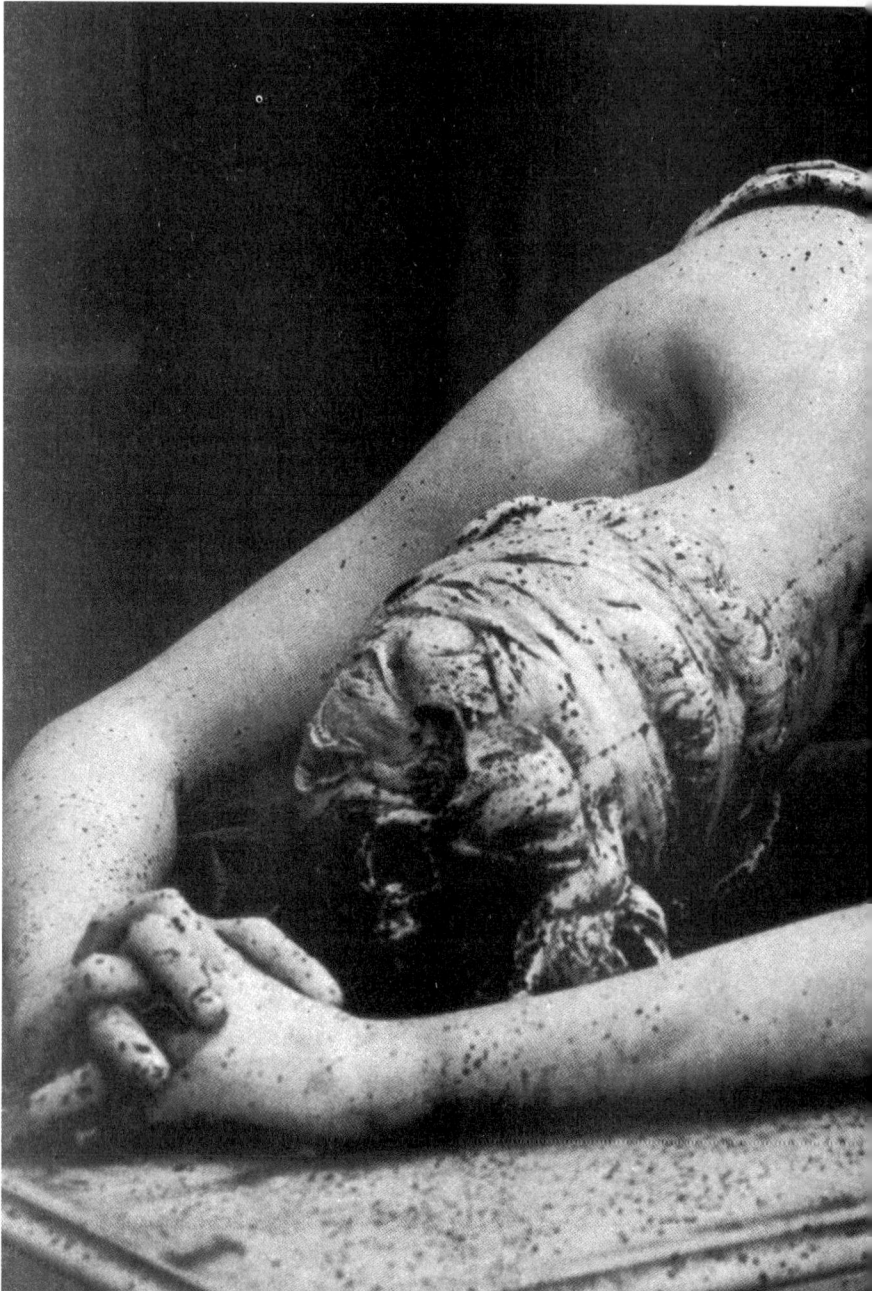

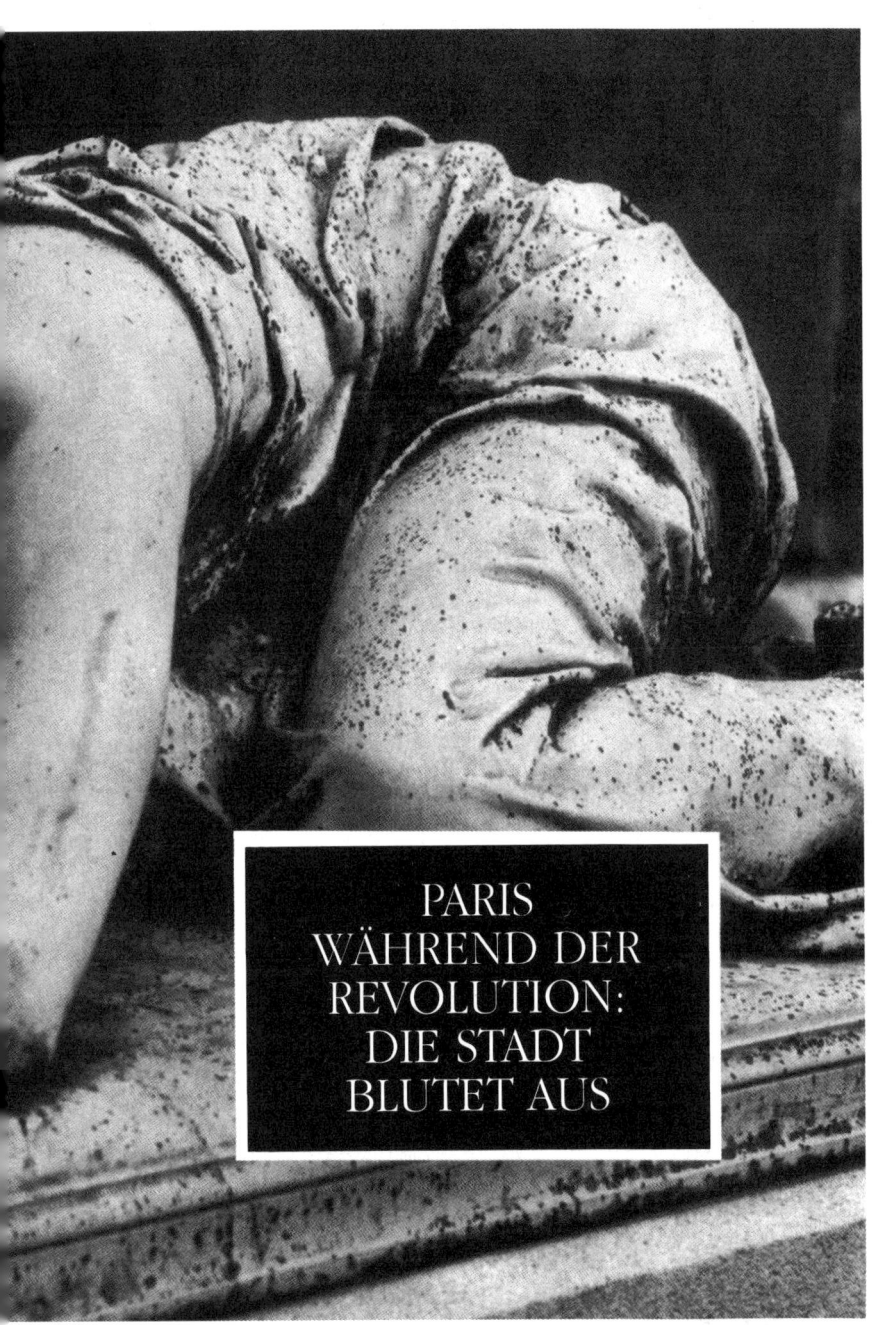

PARIS
WÄHREND DER
REVOLUTION:
DIE STADT
BLUTET AUS

Paris, 28. Juli 1794
Das größte Spektakel der Revolution geht wie ein Horrorstück über die Bühne. Und »tout Paris« schaut zu.

Auf einem Gerüst, von dem Blut tropft, das große Lachen auf dem Pflaster bildet, köpft der Scharfrichter Henri Sanson den ehemals ehrenwerten Citoyen Maximilien Robespierre, seinen Bruder Augustin, die Freunde St. Just, Couthon, Fleuriot und Hanriot sowie weitere 16 Männer.

»Nieder mit Maximum!« hatte die aufgebrachte Menge gerufen, als sich die vier Karren mit den zum Tode verurteilten zum Place de la Revolution, heute Place de la Concorde, mühsam voranquälten. Dort erwartete sie die Guillotine, jenes mechanische Fallbeil, das der Abgeordnete der Generalstände Dr. Joseph Ignace Guillotin aus Saintes zuerst in Deutschland gesehen hatte und dann verfeinern ließ, um den Opfern durch den Fall des Beils physische Schmerzen zu ersparen.

Dr. Guillotins Absicht in Ehren: Die meisten abgeschlagenen Köpfe zeigten einen entsetzten schmerzverzerrten Gesichtsausdruck. So wie auch Robespierres Kopf, den Sanson an diesem Tag dem Volk präsentiert.

Der große Robespierre, der bürgerliche und soziale Tugenden als Fundamente der neuen Republik ebenso unerbittlich gefordert hatte wie eine reine Religion, ist am Nachmittag seinen letzten Gang gegangen. Auf einem Schinderkarren bringen zwei rotbemützte und betrunkene Männer ihn und seine

kopflosen Freunde später zum kleinen Friedhof von Errancis. Dort, direkt an der Stadtmauer, wo nur wenige Häuser stehen, wird eine Grube ausgehoben. Man wirft die nackten Körper hinein, die Köpfe poltern hinterher. Ungelöschter Kalk wird draufgeworfen, dann folgt eine Schicht Erde. Kein Kreuz, kein Stein. Mit diesen Männern darf kein Kult getrieben werden.

Der höchst gebildete Utopist und Voltaire-Verehrer Danton hatte am 5. April dieses Jahres dasselbe Schicksal erlitten. Er mußte erleben, wie die Freunde Desmoulins, Hébert und Chaumette unter dem Fallbeil starben. Er kam zuletzt an die Reihe. Der Höhepunkt. »Zeig meinen Kopf dem Volk!« hatte der 34jährige Revolutionär dem Scharfrichter befohlen und hinzugefügt: »Er ist es wert!« Sanson tat ihm den Gefallen. Eine Selbstverständlichkeit. Er und seine Gehilfen zeigten dem Volk immer die Köpfe der Persönlichkeiten. »Jeden Tag Herzoginnen, Gräfinnen und große Damen«, wird sich Chateaubriands Hausmeister später erinnern. »Diese feinen Hemden, diese weißen Hälse! Und wenn dann der Kopf fiel, ja, das waren große Tage!«

Brot und Spiele — diese Zerstreuung wird den Parisern in jenen Tagen des Jahres 1794 gern und oft geboten. Mord ist an der Tagesordnung. Und die Stadt blutet aus.

Das Revolutionstribunal rotiert. Pro Tag fällt es mindestens sieben Todesurteile. Alle sich in Paris aufhaltenden Aristokraten werden aufgegriffen und geköpft. Chefankläger Fouquier-Tinville richtet wie im Blutrausch.

Aber die Revolution frißt längst die eigene Brut. Man verdächtigt sich gegenseitig, klagt sich an, verurteilt selbst Gesinnungsgenossen. Untereinander zerstritten sind die Mitglieder des Wohlfahrtsausschusses ebenso wie die Sansculotten. Im Jakobinerclub gärt es. Die Guillotine beschließt meistens den letzten Akt. An manchen Tagen bringt es der Scharfrichter auf zwei Dutzend Hinrichtungen. 24 Köpfe läßt er mühelos in einer knappen Stunde rollen. Und Fouquier-Tinville höhnt: »Sie fallen wie Ziegel von den Dächern.«

Insgesamt fordert der »große Terror« vom 10. bis zum 27. Juli 1794 1376 Opfer. Unter ihnen befinden sich viele Angehörige großer französischer Familien wie die Chateaubriand, Noailles, La Rochefoucauld und Beauharnais. Und viele Geistliche, die nicht mehr ins Ausland flüchten konnten, nachdem die konstituierende Nationalversammlung den Katholizismus zur Staatsreligion ausgerufen und vom Klerus den Eid auf die neue Verfassung verlangt hatte.

Schon zwei Jahre zuvor, 1792, war eine Mordwelle über Paris hinweggegangen. Als im August König Friedrich II. von Preußen und der Herzog von Braunschweig gegen Frankreich mobil gemacht hatten, um die königliche Macht wiederherzustellen, hatte der revolutionäre Pressechef Marat zur Hatz gegen Sympathisanten und Königstreue geblasen. Zwischen dem 2. und 6. September waren die Gefängnisse Tour St. Bernard, St. Firmin, Châtelet und Salpêtrière gestürmt und 1368 Insassen hingerichtet worden. Marat hatte gejubelt: »Mitbürger, ihr schlachtet eure Feinde, ihr tut nur eure Pflicht!«

Am 13. Juli 1793 wurde Marat dann von Charlotte Corday in der Badewanne erdolcht. Im Prozeß verteidigte sie ihre Tat dann mit den Worten: »Er trägt die Schuld an den Septembermorden.«

Paris, Ende Juli 1794

Die Stadt hat fünf Jahre Revolution hinter sich. Die Straßen sind verrottet, die Häuserfronten zeigen Risse, die Farbe ist abgeblättert, hat einem fahlgelben Schimmer Platz gemacht. Überall Ruinen. Und leere Sockel, auf denen früher die Denkmäler der Monarchie standen. Ludwig XVI. ist tot. Am 21. Januar 1792 hat ihn Sanson auf dem Platz der Revolution geköpft. »Vive la nation!« hatte die Menge gebrüllt. Dann war »Bürger Capet«, der zwischen 1774 und 1789 in seinen Wäldern 189 251 Stück Wild geschossen hatte, mit dem Kopf zwischen den Beinen in einem Massengrab auf dem Sainte-Marguerite-Friedhof verscharrt worden. Neun Monate später, am 16. Oktober 1793, ereilte Marie Antoinette dasselbe Schicksal. Erst 1815 wird dem königlichen Paar die Ehre einer standesgemäßen Beerdigung zuteil. Man exhumiert, was von ihm noch aufzufinden ist, und überführt die Überreste in die Kirche von Saint-Denis. Dort und in der Kapelle Expiatoire an der Rue de Rivoli kann man heute der beiden Majestäten gedenken.

Ludwigs Tod hat Frankreich in Europa isoliert. Das Land, nach einem grausamen Winter unter Dürre und Hungersnot leidend, wird von allen Seiten bedrängt, schlägt jedoch zurück. Aber erst Napoleon wird es zu neuer Blüte führen.

Paris 1794

Noch sind die Ergebnisse des Volksaufstandes von 1789 mager. Immerhin baden sich die Franzosen in so erhebenden Gefühlen, wie »von Geburt frei und gleich an Rechten« (Artikel eins der Deklaration) zu sein und »Freiheit, Eigentum, Sicherheit und Widerstand gegen Unterdrückung« (Artikel zwei) genießen zu dürfen. Die Welt der Titel und Ränge existiert für die Bürger nicht mehr. Die 270 000 Adligen, die rund 25 Millionen Franzosen schamlos ausnutzten und auspreßten, zahlten mit Emigration oder Enteignung und dem Leben.

Aber so ganz konsequent werden die neuen Rechte keineswegs realisiert. So ist der Artikel zehn nicht mehr als eine Absichtserklärung. »Niemand soll wegen seiner Meinungen, auch nicht religiöser Art, behelligt werden ... sofern die Äußerungen nicht die durch Gesetz festgelegte Öffentlichkeit stören«, steht da in der Deklaration geschrieben. Für die Fanatiker unter den Revolutionären ist dieser Artikel zehn jedoch kein Hindernis, ungehemmt gegen den Klerus vorzugehen. So wird der Besitz der Kirche in Frankreich, etwa zehn Prozent, verstaatlicht. Die meisten der etwa 150 Pariser Kirchen, teils in Gemeinde-,

teils in Kollegialbesitz, werden entweder verkauft oder abgerissen. In Notre-Dame schänden Revolutionäre die Statuen, in Saint-Denis verwüsten sie die königlichen Gräber. Die Insignien des religiösen Kultus und die Krone verschwinden, um denen der Philosophie und Freiheit Platz zu machen. Und 4000 Klöster im ganzen Land, in denen 60 000 Nonnen und Mönche bislang ein weitgehend unproduktives Leben führten, müssen schließen.

Radikal wird die vormals reichste Klasse des Landes entmachtet. Die Wahl neuer Bischöfe bestimmt eine Wählerversammlung des Departements. Und bevor ein Priester überhaupt ein Staatsgehalt beziehen darf, hat er nun einen Eid auf die Verfassung zu leisten. 46 000 von 70 000 verweigern diese Maßnahme, und von den 134 Bischöfen stellen sich 130 dagegen.

Aber gerade in dieser Angelegenheit scheiden sich die Geister. Denn im Gegensatz zu den Herren der Revolution bezieht die Bevölkerung für den Klerus Stellung. Sie boykottiert die Gottesdienste jener Priester, die geschworen haben, und fordert für die »Abtrünnigen« die Erlaubnis zur Ausübung traditioneller Rechte und Pflichten zurück. Ist es nicht genug, daß »Freiheit, Gleichheit, Brüderlichkeit« im neuen Staatsgebilde fest verankert sind? Hat nicht der Adel für seine Sünden reichlich gezahlt? Können sich Bürgerin und Bürger — »citoyenne« und »citoyen« — nicht endlich wieder in Madame und Monsieur verwandeln und die neuen

Wert- und Lebensgefühle auch unter der Sonne des Glaubens genießen?

Mit der langsamen Stabilisierung des Alltagslebens kommt die religiöse Welt der Franzosen wieder ins Lot. Frankreich entscheidet sich für Gott. Die Forderung der Jakobiner, alle Kirchen abzutragen, »weil sie durch das Hervorragen über alle anderen Gebäude den Grundsatz der Gleichheit verletzen«, empfindet die Mehrheit der Bevölkerung als ebenso absurd und arrogant

worden, daß sie sogar für die Wohlhabenden unerschwinglich sind. Vor den Bäckerläden bilden sich lange Schlangen. Für die Bauern sind die Zahlungen von Feudalabgaben, die sogenannten »Zehntel«, zwar abgeschafft worden, aber nach einem eisigen Winter läßt nun die Ernte zu wünschen übrig.

Immerhin befindet sich die Revolution in der Endphase. Sichtbares Zeichen dafür ist die Verlegung der Guillotine an den südöstlichen Stadtrand von

wie die Entfernung der Kirchenglocken aus den Türmen. Und wenn die Schinderkarren mit den enthaupteten Körpern vorbeifahren, schauen die Menschen schon gar nicht mehr hin. Mit dem Tod des kalten und unberechenbaren Robespierre ist für die meisten Pariser das traurige Kapitel tausendfachen Mordes entgültig beendet.

Man hat ganz andere Sorgen in diesem Sommer und Herbst des Jahres 1794. Alle Nahrungsmittel sind so teuer ge-

Paris. Bald wird der Nationalkonvent die Regierungsgeschäfte übernehmen, dann ein Direktorium. Von ihm erhält ein junger Korse namens Napoleon Bonaparte die Chance, sich als General zu bewähren. »Le petit caporal« macht schnell Karriere, wirbelt Europa mächtig durcheinander, führt Frankreich in ein neues und großes Jahrhundert. Den Preis dafür bestimmt er selbst: 1802 läßt er sich zum Konsul und 1804 zum Kaiser auf Lebenszeit wählen.

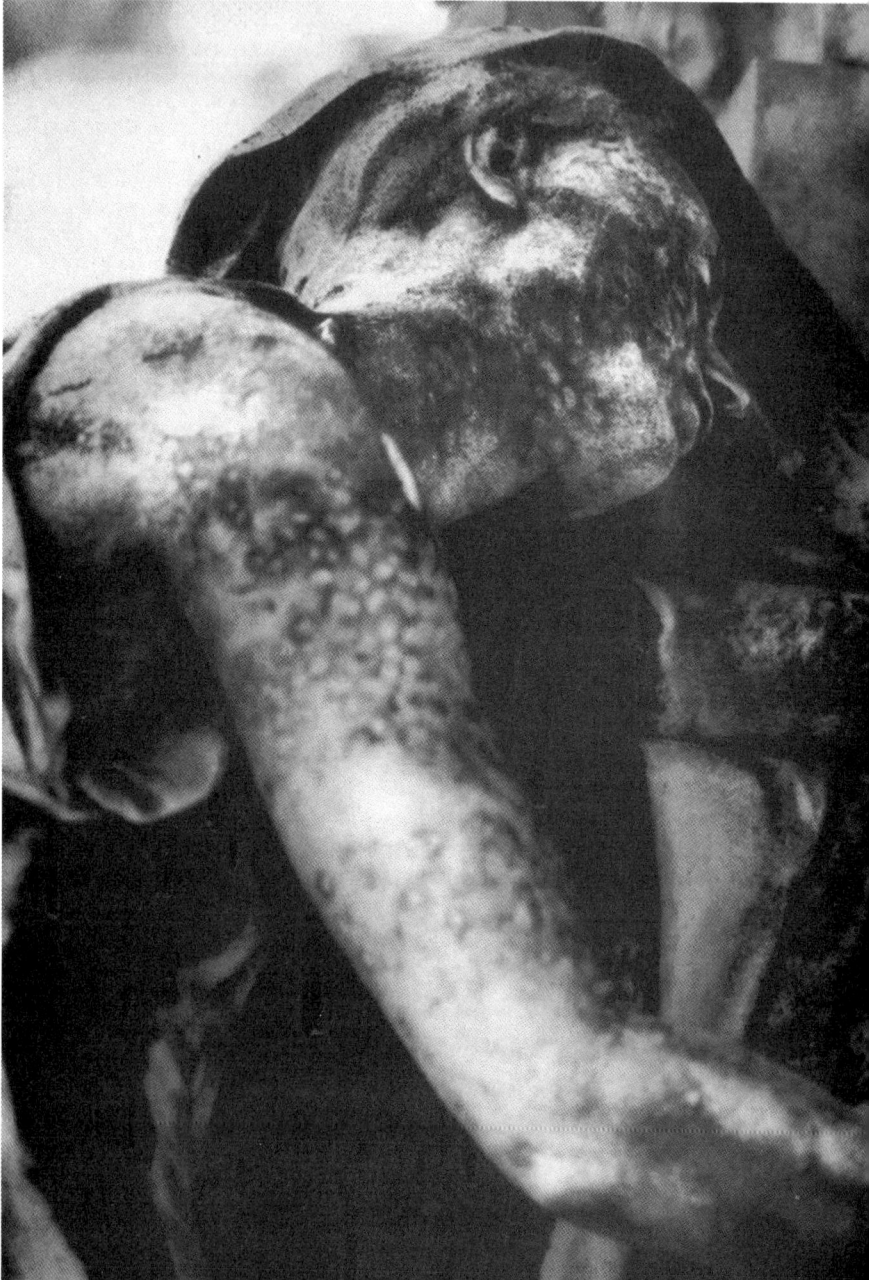

PARIS NACH DER
REVOLUTION:
DER BÜRGER
LEBT UND STIRBT
IN WÜRDE

In Würde zu sterben und begraben zu werden war den Menschen während der Revolutionsjahre nicht vergönnt. Bis auf wenige Ausnahmen wurden alle Pariser in Gemeinschaftsgräbern beigesetzt.

»Kein Volk hat den Menschen nach seinem Tod in einem solchen Zustand grausamer Verlassenheit gezeigt«, beklagte sich 1799 der Brüger Cambry beim Direktorium und prangerte die »stinkenden Kloaken« an, in denen Verstorbene seiner Familie »neben oder über den gemeinsten Schurken« verscharrt worden waren.

Die neuen Friedhöfe, die dann mit Bäumen, Pflanzen und Monumenten reichlich verschönt wurden, waren noch nicht entstanden. Statt dessen hielt man auf irgendwelchen verkommenen Begräbnisplätzen immer einige Gruben geöffnet, um die Toten, wie sie kamen, unter die Erde zu bringen. Keine Spur vom Hauch der Unsterblichkeit und ewigem Frieden. Das war ganz im Sinn der Revolutionäre. Leere Gefängnisse und mit Republikgegnern überfüllte Massengräber lagen ihnen mehr am Herzen als die Idolisierung der Person. So hatte es Saint-Just seinen Gesinnungsgenossen gepredigt und ihnen wie sich selbst das Recht abgesprochen, in kommenden Jahrhunderten einmal Gegenstand kultischer Verehrung zu werden.

Und das geschah auch nicht. Der Platz, wo man ihn, Robespierre, und die Freunde am 28. Juli 1794 kopflos verscharrte, ist heute nicht mehr auszumachen. Sicher ist: Irgendwo im Park Monceau, dort, wo sich ein paar alte Grabmäler des Friedhofs von Errancis erhalten haben, muß es gewesen sein. Und ganz im Sinne dieser Männer wurde ihnen bis heute kein Ehrenmal errichtet. Die so selbstgerechten Revolutionäre, vom Volk mehr gehaßt und gefürchtet als geachtet, sind immer noch nicht populär.

Die Entwürdigung des verstorbenen oder getöteten Menschen war während der Schreckensjahre kein Thema gewesen. Niemand glaubte den Sterbenden Achtung schuldig zu sein. Trauer fand nur hinter verschlossenen Türen statt. »Wer darauf Wert legt, nach seinem Tod beweint zu werden, der sollte sich hüten, in Paris zu sterben.« (Mercier) In der französischen Metropole war somit auch die Praxis des Leichenbegängnisses total verkommen. Erst Jahre später sollte diese »Unehrerbietigkeit« als »Mißachtung und Verleugnung von Moral und Religion, für die ein Volk der Menschheit ein ähnlich gottloses Beispiel bietet«, gebrandmarkt werden. Chateaubriand macht für dieses Verhalten seiner Landsleute göttliche Einwirkung verantwortlich. »Man kann diese Dinge nur auf einen Ratschluß Gottes zurückführen.«

Unleugbar ist, daß die blutigen Revolutionsjahre die Menschen dem Sterben gegenüber stumpf machten. Aber ihre Sensibilität war nicht total verschüttet. Denn mit der wiedererstehenden Religiosität baute sich diese Gleichgültigkeit ab. Und das schneller als erwartet.

Schon im 19. Jahrhundert kehren die Toten unter die Lebenden zurück. Die Großstadt Paris gemeindet ihre einst nach außerhalb verbannten Friedhöfe ein. Heute befinden sich 14 innerhalb der Stadt.

Wissenschaftler und Ärzte hatten spätestens Ende des 19. Jahrhunderts letzte Ängste beseitigt. Sie empfahlen sogar »das Brunnenwasser der Friedhöfe als sehr geeignet zum Garkochen von Gemüsen« und bestätigten ihm einen »klaren, geruchlosen und guten Geschmack«. Von einer Gefährdung der unmittelbaren Anlieger wird nun nie mehr die Rede sein. Der Totenkult kann blühen. Hundert Jahre nach Ausbruch der Revolution werden zu Allerheiligen auf den Pariser Friedhöfen 350 000 Besucher gezählt.

Aber werfen wir noch einen Blick zurück in jene ersten nachrevolutionären Jahre, in denen endlich, nach dem Willen des geköpften Königs Ludwig XVI., die neuen Friedhöfe entstehen. Natürlich gibt es zu Beginn erneute Diskussionen. Die Kirche zum Beispiel will sich keineswegs mit einer Statistenrolle während der Beerdigungszeremonien abspeisen lassen. Letzlich gibt das neuerworbene Selbstgefühl der Bürger den Ausschlag. Ihr liebster Spaziergang an den Feier- und Ruhetagen soll der Gang an die Gräber der Lieben sein. »Als Trost in großer Herzensnot.« Und so reagieren sie empört auf die Vorschläge der Planer, die Friedhöfe weitab der Stadt anzulegen.

Das Dekret vom 11. Juni 1804, aufgenommen in den Code Civil des Français, beendet endgültig alle Auseinandersetzungen. Es regelt das Beisetzungswesen und gesteht allen Franzosen Achtung über den Tod hinaus zu. Das wiederum bedeutet: weitab der Stadt — nein! Außerhalb der Mauern — ja! Einzelgräber sind die Regel; in den Armengräbern dürfen die Toten nicht mehr übereinandergeschichtet werden; die Distanz zwischen den Gräbern wird ebenso festgelegt wie die Frist, vor deren Ablauf kein Grab geöffnet, ausgeräumt und aufs neue belegt werden darf. Und das sind, sieht man von den »ewigen Grabstätten« ab, fünf Jahre.

Die neuen Friedhöfe, als Parks konzipiert, wachsen jedoch so rasch, daß die Abstände zwischen den Gräbern immer geringer werden. Schon 1843 empfiehlt deshalb die Stadtverwaltung von Paris, die Preise hoch zu halten, um eine rasche Überfüllung zu verhindern. Heute kosten zwei Quadratmeter für ein »ewiges Grab« in der ersten Reihe auf dem Père-Lachaise 19 688,40 Francs, in der hinteren 10 558,50 Francs. Und noch eine Zahl: Zwischen 1804 und 1938 wurden im Durchschnitt von hundert Bestattungen monatlich 83 500 Leichen auf diesem Friedhof beerdigt.

Womit sich die Parks der Toten in eng belegte Nekropolen verwandelten, auf denen, wie heute in Paris, die Angebote an Grabstätten immer knapper werden, zumal die wohlhabende Mittelschicht von dem ebenfalls im Dekret ausgesprochenen Recht auf erbliches Eigentum über Generationen — »concessions à perpétuité« — immer noch üppig Gebrauch macht.

Natürlich wurde auch die Rolle der Kirche im Erlaß von 1804 detailliert umrissen. Nur auf Wunsch des Verstorbenen oder seiner Hinterbliebenen darf der Priester wieder an der Beisetzung teilnehmen oder sie nach katholischem Ritual feierlich gestalten. Allerdings sollte »kein Element eingeführt werden, das bereits irgendeinem anderen Kult angehört«. »Denn jeder Kult«, so die Friedhofsreformer, »ist nicht mehr als eine Profanie der heiligsten Gesetze, die auch die Kirche früher mißachtete, indem sie die Verstorbenen dem Schindanger überantwortete.«

Auch im Jahr 1804 gibt es also noch Vorbehalte dem Klerus gegenüber und unliebsame Erinnerungen an jene Tage, als von der Kirche Beisetzungen hastig und lieblos abgewickelt wurden. Als Konsequenz wird das Besitz- und Nutzungsrecht an den neuen Friedhöfen städtischen Behörden übertragen. Diese wiederum heben die einst vom Klerus eingeführte Trennung zwischen den Religionen auf und bestimmen: »Die Menschen aller Sekten sollen Seite an Seite ruhen.«

Mit der Gründung neuer Friedhöfe bekommen Künstler und Architekten interessante Aufträge. Die Ergebnisse erster Entwürfe sind idyllische Parklandschaften, in denen der einfache Bürger ebenso seinen gepflegten Grabplatz hat wie die Großen der Nation, die

würdevoll und erhaben in Tempeln, Grüften oder zu Füßen pompöser Denkmäler bestattet werden, oft pittoreske Monumente, die die Begegnung des Besuchers mit dem Tod in ein museales Kunsterlebnis verwandeln.

Die Anlage des Père-Lachaise zum Beispiel entspricht solchen Vorstellungen in idealer Weise. Die symbolische Darstellung einer kunst- und kulturbeflissenen Gesellschaft geriet hier im 19. Jahrhundert zur Perfektion. Der Friedhof als Sammelplatz der schönen Künste mit eindrucksvollem Dekor verbannt mühelos die Allgegenwart des Todes. Die Erinnerung an glückliche Tage mit den Verstorbenen soll mit Freude, nicht mit Schmerz verbunden sein. Tristesse ist erlaubt, Trauer verpönt.

So wird der Tod zum erhabenen Ereignis, das Dichter und Bildhauer in ihren Werken mit geradezu betörender Süße ausschmücken. Die Furcht vor diesem »Gevatter« hatte die Kirche ausgelöst, indem sie jahrhundertelang in ihren Begräbnisinszenierungen den leidvollschmerzhaften Abgang aus dem Diesseits als Resultat eines sündhaften Lebens für jedermann zum Alptraum hatte werden lassen. Wie Kinder die Nacht hatten die Menschen den Tod gefürchtet, und das nur, weil man ihre Phantasie mit ebenso nichtigen wie schrecklichen Hirngespinsten und Wahnvorstellungen erschreckte. »Der ganze Aufwand der letzten Abschiedsworte, das Wehklagen unserer Seelen, die Trauer und die Beerdigungszeremo-

nien, die Zuckungen dieser Maschine, die sich auflöst, all dies ist geeignet, uns zu erschrecken.«
Nun wird die Reminiszenz wieder zur Zeremonie und zum Impuls für die Hinterbliebenen, an die Gräber der Toten zu eilen. Dort übermannt sie der Weltschmerz, dieses Mir-ist-ich-weiß-nicht-wie-Gefühl, das für die sensiblen Seelen des 19. Jahrhunderts so »wunderschön« ist. Und mancher Zeitgenosse, wie etwa die große Tragödin Sarah Bernhardt, gibt schon zu Lebzeiten sein Grabmal in Auftrag, entwirft Verse und Hymnen, die, unter Büsten und Medaillons auf Pyramiden, Stelen oder Sarkophage eingemeißelt, die Essenz eines freud-leidvollen Lebens wiedergeben sollen.
Aber das Frankreich des 19. Jahrhunderts badet nicht nur im Weltschmerz. Paris, seine Hauptstadt, entwickelt sich ungehemmt und maßlos zur führenden Kulturmetropole Europas. Das verlassene Versailles dämmert in einem Dornröschenschlaf dahin, die Stadt und ihre Menschen haben den Hof besiegt. Paris wird zum Traumziel der Provinzler. Die Salons mit ihren leichtlebigen und klugen Frauen, mit den Militärs und Intellektuellen, Musikern und Künstlern bestimmen den neuen Rhythmus der Stadt. Gesellschaften und Konzerte, Theateraufführungen und Pferderennen, Gartencafés und die Pavillons im Luxembourg und auf den Champs-Élysées verwandeln jeden Tag in ein Freudenfest.
Graf Louis-Mathieu Molé, unter Napo-

leon als Minister auch für die neue Friedhofsordnung zuständig, begrüßt ebenso wie sein Kaiser die Rückkehr vieler Emigranten: »Sie füllen die Lücken aus, die das Fehlen einer ganzen Generation in die Gesellschaft geschlagen hat.« Die Heimkehr einer solchen Familie schildert Honoré de Balzac in seinem Roman »Glanz und Elend der Kurtisanen«: »Seitdem der Herzog und die Herzogin von Grandlieu 1804 — fast ruiniert durch die Emigration — zurückgekehrt waren, standen sie in der Gunst des Kaisers. Napoleon, der sie an seinen Hof holte, gab dann auch alles zurück, was sich vom Haus Grandlieu in Staatsbesitz befand, ungefähr 40 000 Pfund Rente.«
Das Sagen haben in diesen Tagen jedoch nicht die zurückgekehrten Überlebenden aus bourbonischen Tagen, sondern jene »hundert Familien«, die sich nach der Revolution aus dem Bürgerstand an die Spitze katapultiert haben. Sie residieren in den ehemaligen Nobelwohnungen des Adels oder in seinen Schlössern, die sie preiswert erworben haben. Und nicht wenige dieser neuen Klasse verbinden sich mit den einst so geschmähten Grafen- und Fürstengeschlechtern durch die Ehe. Mit gutem Beispiel geht ihnen sogar der Kaiser voran, als er sich mit Joséphine de Beauharnais trauen läßt, deren erster Mann während der großen Terrorwelle im Juni 1794 geköpft worden war.
In solchen Verbindungen sind es fast immer die Frauen, die zwischen jakobi-

nischer Strenge und den neuen bürgerlichen Tugenden den goldenen Mittelweg finden.

In den Salons der Germaine de Staël und Madame Tallien, im Kreise der Damen Hamelin und Récamier, Chastenay und Lefebvre, besser bekannt als Madame Sans-Gêne, blüht jene Szene auf, die die führende Rolle der Hauptstadt am eindrucksvollsten deutlich macht. Hier diskutieren Professoren und Generäle, Philosophen und Wissenschaftler und viele Gäste aus dem Ausland.

Ein unerschöpfliches Thema ist Napoleon.

In diesen Salons wird auch in erbaulichen Gesprächen jener Totenkult entwickelt, dessen Stil beispielhaft für Europa werden soll. Aus dieser kulturellen Strömung entwickeln sich später in Amerika jene »rural cemeteries«, als deren Vorbild der Père-Lachaise gilt. Ein Ort von jenem unerklärlichen Zauber, »der das Herz anrührt und den Geschmack zufriedenstellt« und — der Geschichte machte.

Grab des Marschalls Lefebvre
und seiner Frau
Madame Sans-Gêne
Père-Lachaise

Napoleondarstellung —
Relief am Grab
des Obersts La Bédoyère
Père-Lachaise

DER
PÈRE-LACHAISE

Gräber
machen Geschichte

Im Mai 1804 werden auf dem Père-Lachaise, damals offiziell Cimetière de l'Est (Ostfriedhof) und im Volksmund Cimetière du Père La Chaize genannt, die ersten Grabsteine aufgestellt. Sie stammen von jenen Friedhöfen der Hauptstadt, die nach dem Beschluß vom 1. November 1780 aufgelöst worden waren. Die Pariser Bevölkerung akzeptiert die neue Nekropole nur zögernd, ihre Lage jenseits der Stadtmauern und Zollgrenzen erschwert den Zugang.

Dabei war das Gelände bekannt, hatte bereits seinen festen Platz in der Stadthistorie eingenommen.

Im Mittelalter war es vom Bischof von Paris-Charonne als Landgut für den Gemüse-, Weizen- und Weinanbau genutzt worden. Anno 1371 hatte es dann der Kolonialwarenhändler Regnault de Wandonne übernommen und mit viel barockem Kitsch, mit Schäferhütten und künstlichen Ruinen, in ein Lustschloß mit Park umgewandelt. Für die

Städter, die noch nicht begriffen hatten, daß »die Zukunft den Kleinwarenhändlern gehört« (Balzac), war das Ganze nicht mehr als die Marotte eines Verrückten. Und so erfanden sie auch den entsprechenden Namen dafür: »Regnault-Marotte«.

Bis ins 17. Jahrhundert hinein wechselten die Besitzer dieser Enklave häufig. Am 11. August 1626 erwarb eine gewisse Marie L'Huillier das Anwesen im Auftrag der Jesuiten, die dort eine Schule für ihren Nachwuchs etablierten und einen kleinen Friedhof für ihre Ordensmitglieder anlegten.

Am 2. Juli 1652 kam es zum Eintrag ins Buch der Geschichte, als der damals 14jährige Ludwig XIV. gemeinsam mit dem gleichaltrigen Jules Mazarin, seinem späteren Kardinal, vom Hügel der Jesuiten aus ein Gefecht zwischen den königlichen Regimentern und den von Condé angeführten Rebellen im Stadtteil Faubourg Saint-Antoine beobachtete. Zu Ehren des hohen Zaungastes nannten die Jesuiten ihren Besitz fortan »Mont-Louis«.

Die so von königlicher Sonne beschienenen frommen Väter bauten die Anlage aus, verschönerten die Gärten nach dem Vorbild von Versailles, legten Haine und Wasserfälle an und eine Orangerie. Für die Pariser wurde der »Mont-Louis« bald zum Ziel manchen Sonntagsausflugs. Per Kutsche oder zu Pferd besuchten sie gern und oft jene Idylle, in der auch Seine Majestät manchmal zu promenieren beliebte.

Es muß ein angenehmes Wohnen gewesen sein auf dem Hügel über den Dächern von Paris. So bezog auch Ludwigs Beichtvater François d'Aix de la Chaize — nach dem, vereinfacht, der Friedhof später benannt wurde — in den heißen Sommermonaten dort regelmäßig Quartier. In der gesunden Luft war er unermüdlich für seinen König tätig. Er setzte sich selbst in diesem friedvollen Ambiente unerbittlich für den Widerruf des Ediktes von Nantes ein und ließ 200 000 Hugenotten aus Frankreich vertreiben.

Nach dem Tod des Beichtvaters d'Aix de la Chaize im Jahr 1709 — er wurde übrigens nicht auf dem »Mont-Louis« begraben — fiel die Domäne der Vergessenheit anheim. Um ihre Schulden zu bezahlen, verkauften die Jesuiten 1763 ihren Besitz an den Maler Jean-Baptiste Gratin; von ihm erwarb eine Familie Baron das Gelände, um es schließlich 1804 dem Seine-Präfekten Frochot zu übereignen. Für die damals 17 Hektar Grund bezahlte Frochot 180 000 Francs, und zwar im Auftrag des Pariser Stadtparlaments, das den »Mont-Louis« in einen Friedhof umgestalten wollte, um den der Gemeinde Sainte-Marguerite zu ersetzen. Der Architekt Brogniard machte sich an die Arbeit, riß Herren- und Gesindehäuser ab, ließ Zierteiche und Bäche trockenlegen. Er gestaltete die hügelige Landschaft mit ihren vielen Wegen, nach dem Vorbild der damaligen Champs-Élysées, zu einem neuen Park um. Brogniards Ziel war ein Friedhof im Sinne Rousseaus, einer, »in dem die Melancholie ihre Träume schweifen läßt. Sie sollen von Zypressen, von Pappeln mit zitterndem Blattwerk und Trauerweiden überschattet sein«. Ein irdisches Elysium sollte entstehen, »in dem der erschöpfte Mensch sich von allen Unbilden erholen kann«.

Die offizielle Eröffnung des neuen Friedhofs fand am 21. Mai 1807 statt. Drei Jahre zuvor waren 113 repräsentative Särge und Kapellen aus aufgelassenen Nekropolen malerisch auf dem Gelände verteilt worden. Aus dem von Alexandre Lenoir gegründeten Musée des Monuments Français holte man — sie waren nach der Auflösung des Cimetière des Innocents und anderer Stadtnekropolen hierhergebracht worden — die steinernen Relikte der Gräber Molières und La Fontaines, um ihnen auf dem Père-Lachaise einen neuen Platz zu geben. Aus der Abtei Paraclet bei Nogent-sur-Seine waren 1817, nach einer Zwischenstation im Musée des Monuments Français, die sterblichen Überreste des berühmtesten Liebespaares des Mittelalters, Abélard und Héloïse, auf den Ostfriedhof überführt worden. Dieses Grab sollte ausschlaggebend werden für den Stimmungswechsel der Pariser. Inspiriert durch »Die neue Héloïse« (»La nouvelle Héloïse«) von Rousseau, machen sie das Grab der Liebenden schnell zum Wallfahrtsziel.

Der Kult beginnt zu blühen. Und plötzlich ist die Pariser Gesellschaft daran interessiert, in der Nähe dieser oder anderer namhafter Toten eine Begräb-

nisstätte zu erwerben. Koste sie, was
sie wolle! Ein würdiges Grab nach
einem bewegten und ehrenvollen Leben wird zum erstrebenswerten Ziel.
»Die verwünschte Revolution ist auch
die Ursache für den in Paris erfolgten
Wandel in diesem so interessanten Be-
reich der bürgerlichen Ordnung«,
schreibt 1836 der Verfasser des ersten
Père-Lachaise-Führers. »Sowenig Ordnung, Respekt und Anstand sich früher
beim Geleit eines Armen finden ließ,
soviel Eifer und Sammlung verwendet
man heute darauf.« Ganz zu schweigen
von den Prunkbegräbnissen der reichen Mittelschicht. Da werden die Leichenwagen von sechs oder mehreren
Pferden gezogen, denen nicht selten
bis zu zehn Trauer- und zwanzig Privat-
karossen folgen.

Schon 1821 zählt man auf dem Père-
Lachaise 800 »concessions à perpétuité« (ewige, also erbliche, Konzessionen). Dieses Recht wird immer mehr in
Anspruch genommen. Und die Mög-
lichkeit, das Familiengrab auch noch
mit einem Monument, einer Büste,
einem Altar, einem Obelisken oder
einer Stele zu schmücken, wird reichlich genutzt.

So fahren die Trauerkondukte, wenn
sie das 1830 vom Architekten Godd gestaltete Hauptportal mit seinen Bibelzi-
taten (»Wer an mich glaubt, der wird
leben, ob er gleich stürbe«, Joh. 11, 25)
passiert haben, durch gepflasterte Alleen vorbei an Denkmälern und steinernen Figuren, die den Tod trium-
phierend ins Abseits drängen.

Allerdings verwandelt sich gerade auf
dem Père-Lachaise die Parklandschaft
mit den sparsam, sehr effektvoll einge-
paßten Gräbern bald in ein drangvolles
Nebeneinander von Begräbnisstätten.
»Die Gärten sind zu Stein geworden«,
stellt Mercier schon wenige Jahre nach
der Eröffnung des Friedhofs fest. »Die
immerwährenden Konzessionen, deren Zahl und proportionaler Anteil auf-
grund des Zuwachses an öffentlichem
Vermögen ständig wachsen, vermin-
dern Tag für Tag die verfügbaren Flä-
chen.« Im ältesten Teil der Anlage kann
der Parkcharakter länger gewahrt werden, in den ebeneren Abschnitten
drängen sich schon bald die Gräber
dicht an dicht. Gegen Ende des 19.
Jahrhunderts sind drei Viertel der Ge-
samtfläche aller neuen Friedhöfe in Paris voll belegt. Die Natur hat sich der
Kunst und — der Mode beugen müssen. Darüber später mehr.

Vorerst müssen noch einige historische
Ereignisse registriert werden, die sich
auf dem Père-Lachaise abspielten.

So verteidigten sich eine Woche vor
Napoleons Abdankung im Jahr 1814
Schüler der École Polytechnique und
der École Vétérinaire tagelang zwischen den Gräbern gegen russische
Soldaten. Die Angreifer siegten, biwa-
kierten in den Grüften, fällten die Bäume der Alleen, um sich zu wärmen.

1871 fielen erneut Schüsse. Diesmal
verbarrikadierten sich zwischen den
Gräbern Vertreter der Kommune gegen
die Truppen der Dritten Republik unter
General Thiers. Eine Nacht hielten sie

aus. »Mit Wein und Weibern. Es war ein
Feiern und ein Saufen die ganze Nacht
durch.« (Alphonse Daudet) Am kommenden Morgen wurden 147 Kom-
munarden gefangengenommen und an
der heutigen Mur des Fédérés erschossen. Ihrer gedenkend, trifft sich hier an
jedem 28. Mai die internationale Linke;
viele ihrer prominenten Mitglieder
(Éluard, Thorez) ließen sich in den
vergangenen Jahrzehnten in diesem
Teil des Père-Lachaise beisetzen, nahe
den Mahnmalen für die Opfer von
Mauthausen und Neuengamme, Bu-
chenwald und Auschwitz.

Schon 1870 hatte die Kommune den
Père-Lachaise ins Gerede gebracht, als
10 000 Menschen ihrem Aufruf gefolgt
waren, dem Journalisten Victor Noir
das letzte Geleit zu geben. Er war von
dem Prinzen Pierre Bonaparte, einem
Vetter Napoleons III., vor einem Duell
erschossen worden, dem er als Se-
kundant beiwohnen wollte. Noirs Grab
ist eine Attraktion geblieben. Frauen,
die sich ein Kind wünschen, berühren
nicht ohne Hoffnung jene Ausbuch-
tung, die die Hose des mächtigen, sehr
naturgetreu in Bronze nachgebildeten
Mannsbilds strafft.

SARAH

BERNHARDT

EVGENE

Honoré
de BALZAC

ICI REPOSE
COLETTE
1873   1954

ELACROIX

Madame LAMBOUKAS
dite EDITH PIAF
1915 - 1963

PAUL ELUARD
1895 · 1952

Die neue Friedhofs-architektur — Anarchie der Stile

Die meisten Darstellungen über den Père-Lachaise beginnen mit stolzen Aufzählungen all jener Größen, die dort begraben wurden. Bei der Beschreibung ihrer Gräber macht sich dann schnell Ratlosigkeit breit. Denn nichts verwirrt so sehr wie die Begräbnisarchitektur dieser Nekropole. Statt den Eindruck von ewiger Ruhe oder Todesschlaf zu vermitteln, führt sie ein bewegtes Eigenleben. Aber wie ist dieses zu benennen, zu identifizieren, einzuordnen? Da drängen Minimausoleen ins Bild, weinende Barockengel, gotische Kapellen, deren Fenster und Türen mit gußeisernem Maßwerk protzen; da macht ein riesiger klassischer Architekturfundus mit Stelen und Vasen, Obelisken und Pyramiden auf sich aufmerksam; und Büsten, Medaillons, Reliefs oder Plastiken weisen Gräber und Grüfte als wichtige Gedenkstätten berühmter Persönlichkeiten aus. Und wohin das Auge blickt, überbordende Symbolik. Hunde verkörpern Treue,

Adler und Löwen Mut, Eulen stehen für Weisheit, Tauben für die Reinheit des Herzens.

Kunst als Ausdruck einer demokratischen Geschmacksvielfalt kann kaum anschaulicher besichtigt werden als auf den Pariser Friedhöfen im allgemeinen und dem Père-Lachaise im besonderen. Im Zwischenreich von Tod und Leben setzte eine wohlhabende Bourgeoisie Selbstverliebtheit und Vorbildverehrung prägnant in Szene, sie verstieg sich in Formen und Inhalten zu einer Jenseitsverklärung, die wie ein Stempelaufdruck den Zeitgeist markiert. Unterschiedliche Epochen sind in dem Maße auszumachen, wie Stile erkennbar sind. Anleihen bei der römisch-griechischen Antike oder bei frühchristlich-byzantinischer Kunst können in klarer Linienführung registriert werden. Schmuckelemente des nahen und fernen Orients bereichern das Bild, durch das sich wie ein roter Faden die Neogotik mit all ihren kunstvoll-kitschigen Versatzstücken zieht.

Manchem Besucher mag dieser Wirrwarr zu wild wuchern. Er wird Verständnis finden bei Gustave Flaubert, der am 2. Februar 1869 seiner Freundin George Sand nach einem Besuch des Père-Lachaise »tiefen und schmerzlichen Abscheu vor der Menschheit« bekannte. »Sie können sich den Fetischismus der Grabmäler nicht vorstellen. Der wahre Pariser ist ein größerer Götzendiener als der Neger. Es hat mir Lust gemacht, mich in eines der Gräber zu legen.« Welch ein Glück für den

Schriftsteller: Er wird 1880 in Rouen begraben. Auf dem Père-Lachaise hätte er wohl kaum seinen Seelenfrieden gefunden.

Was Flaubert als »bombastische Anarchie des Stils« heftig verwarf, waren jene großen Leidenschaften und Gefühle, die sich konventionellen Moral- und Kunstvorstellungen keineswegs widersetzten, sondern voll ausgelebt und dargestellt wurden.

Die Revolution hatte keine baulichen Meisterwerke hinterlassen, in den letzten Jahren des 18. Jahrhunderts war viel zerstört worden. Was jedoch von den ästhetischen Traditionen des Ancien Régime ins 19. Jahrhundert einfließt, ist die Neigung zu wuchtig-strengen Motiven. Die bildende Kunst bedient sich ihrer ungehemmt. Maler und Bildhauer verschreiben sich mit ihrer klaren Linienführung dem Klassizismus und stellen vor allem Personen in hieratischer Selbstsicherheit dar. Die Vorliebe für die Antike ist nicht wie zu Zeiten von Ludwig XII. (1498–1515) und Franz I. (1515–1547) Attitüde, sondern echte Empfindung.

Stilbildend für die revolutionären Jahre und die Zeit danach, für die Direktoriumszeit und die Kaiserära Napoleons, für seine königlichen Nachfolger und die verschiedenen Republiken sind Krieger und Künstler. Beide Gruppen fühlen sich den römischen Tugenden eng verpflichtet. So setzte Napoleons Ägypten-Feldzug entscheidende Maßstäbe und läßt den Klassizismus neu aufblühen.

Schon während der Revolution hatte man, einem jäh aufflammenden Interesse für Archäologie folgend, den Alltag antikisiert. Unter dem Direktorium sind dann Barock- und Rokokoelemente endgültig aus der Mode. Überall werden Büsten der Freiheitshelden Brutus, Seneca und Cato aufgestellt. Dem römischen Kürzel »S.P.Q.R.« (Senatus Populusque Romanus) entsprechend wählen die neuen Herren für die französische Republik die Initialen »R.F.« (République Française); auch Monatsnamen (Messidor, Thermidor, Fructidor) sind lateinisch-griechischen Ursprungs. Sogar noch nach den Schreckenstagen tragen Jakobiner, wenn auch leicht modisch abgewandelt, die »phrygische Mütze« als Erkennungs- und Gesinnungszeichen.

Napoleon fördert die Hinwendung zur Antike am konsequentesten, indem er sich zum Konsul wählen läßt und in seiner Armee den römischen Adler mitführt. Als Bauherr und Städteplaner wird er zum entschiedensten Befürworter monumentaler Schöpfungen nach antiken Vorbildern. In strenger Architektur nach ihrem Muster soll sich seine weltweite Oberhoheit manifestieren. Die Ergebnisse sind heute noch zu besichtigen: »Römisch« sind der Triumphbogen auf den Champs-Élysées und die Gedenksäule auf dem Place Vendôme, dem griechischen Tempel nachempfunden ist die Madeleine-Kirche. Antikisierende Reliefs schmücken die meisten dieser Bauten.

Ebenso wie die Möbel in den Salons

Repräsentanten eines goldenen Zeitalters. Um ein ehrwürdiges Porträt in Stein (von oben rechts im Uhrzeigersinn) der Komponist Grétry, der Schriftsteller Alphonse Daudet, ein schöner Unbekannter, der Romancier Honoré de Balzac und der Maler Camille Corot (seine Büste wurde gestohlen)

werden auch die Gräber mit antiken Motiven geschmückt, mit Lorbeerkränzen, Schwertern, Leiern und Medaillons. Da trauern Klageweiber, und mancher Kriegsheld in Bronze streckt pathetisch seinen Degen einem imaginären Feind entgegen.

Der Père-Lachaise bietet, wie gesagt, solche Beispiele in Fülle. Mit kleinen griechischen Tempeln und Stelen mit heroisch blickenden Büsten, mit Obelisken, Sphinxen und massigen Sarkophagen, flankiert von Fackeln und Liktorenbündeln, feiert das klassische Altertum hier seine Auferstehung.

Die Maler der Epoche übernehmen dieses Programm, setzen es um in theatralische Kompositionen. Jacques-Louis David ist dafür ein Beispiel. Als junger Mann wird der 1774 in Italien mit den Ausgrabungen von Herculaneum und Pompeji konfrontiert. Die Majestät der Form, die Logik des thematischen Aufbaus und die Reinheit der Linien harmonieren auch für ihn mit den Idealen der Revolution. Kalter Verstand, kluge Zurückhaltung und spartanisch-einfache Lebensform — Robespierre gibt seinen Landsleuten ein Vorbild. David folgt ihm als Künstler, indem er Sujet und Form seiner würdevollen Bilder der Antike nachempfindet. Mit seinen großen Gemälden (»Die Sabinerinnen«, »Der Schwur der Horatier«) vollzieht er die geistige Rückkehr nach Rom und Athen. Auch Eugène Delacroix, für Baudelaire »ein See aus Blut, von bösen Geistern heimgesucht«, hat die revolutionären Ziele seiner Zeit in großformatigen Bildern interpretiert. Motive wie die seiner berühmten Werke »Die Freiheit führt das Volk« und »Die Dantebarke« sieht man häufig auf dem Père-Lachaise: steinerne Frauen, die mit düsterer Sinnlichkeit in Blick und Haltung den letzten Lebensstrich auf einem Grabmal ziehen oder trauernd an Gräbern lehnen, so am Eingang des dunklen Mausoleums, in dem der Chemiker François Raspail ruht.

Das Grab von Delacroix, der wie auch David, Géricault und Ingres auf dem Père-Lachaise begraben wurde, entspricht bis ins letzte Detail seinen der antiken Welt verhafteten Vorstellungen. Es sollte, so hatte sich der Maler gewünscht, »die exakte Kopie auf die Antike à la Vignola oder Palladio sein ... auf einer Anhöhe auf dem Père-Lachaise, auf einem rechteckigen Platz, ohne Büste, ohne Statue«. Und so rekonstruierte man für den Toten letztlich den schwarzen Sarg des Scipio.

Wie David und Delacroix traf auch Théodore Géricault genau den Zeitgeschmack. Mit dem »Floß der Medusa« schildert er reportagehaft den Schiffbruch einer Fregatte. Auf seinem Grab ist das Bild als Bronzerelief wiedergegeben; darüber ruht lebensgroß, in eine Tunika gewandet, der Künstler, die Palette in der Hand.

Ähnliche Reliefs finden sich auf einigen Gräbern im alten Teil der Nekropole wieder. Grabplatten in der 25. Abteilung, unter denen oft napoleonische Generäle ruhen, zeigen nicht nur Roß und Reiter (deren Darstellung Géri-

cault ebenfalls meisterhaft beherrsch-
te), sondern auch den Kaiser selbst,
wie auf dem Relief am Grab des Colonel Charles de la Bedoyère.
Ein anderer Wegbereiter der Kunst des
19. Jahrhunderts war Jean-Dominique
Ingres. Sein im Studium hellenistischer
Schönheit gereinigter Geschmack blieb
unbeirrbar klassischen Motiven verpflichtet. Der nackte Mensch steht im
Mittelpunkt seiner Malerei, deren geistiger Vater Homer ist. Ingres läßt dessen Mythos in der puristischen Zurückhaltung eines Apoll oder in der anmuti-
gen Demut einer Daphne wiederaufle-
ben. Auf dem Père-Lachaise erinnert so
manche Odaliske an das Werk dieses
Malers.
Einen nicht unwesentlichen Einfluß auf
die Grabkunst des 19. Jahrhunderts üb-
te der Bildhauer P. J. David d'Angers
aus. Auf Medaillons und als Büsten ver-
ewigte er manche Berühmtheit seiner
Zeit. Auf dem Père-Lachaise tragen die
Abbilder des deutschen Feuilletonisten
Ludwig Börne, des Malers J.-L. David
und des Schrifstellers Honoré de Balzac seine Handschrift. Auch die Reiter-
gruppe auf dem Grab des Generals Go-
bert ist von David d'Angers. Nicht weit
davon liegt er selbst begraben.
Schon auf den Nekropolen und an den
Gräberstraßen der Antike hatten Monumente und Reliefs, Stelen, Grüfte und
Tempel vor allem einen Sinn. Sie sollten die Rolle benennen, die der Verstorbene in der Gesellschaft gespielt
hat: je aufwendiger und prachtvoller
sein Grab, desto glanzvoller auch sein

verflossenes Leben. Das wiederum
schmeichelte dem Selbstwertgefühl der
Angehörigen und gab ihnen die Gewißheit, einer Familie mit Traditionen
anzugehören.
Der zu Beginn des 19. Jahrhunderts
ausufernde Grabkult knüpft hier an.
Aber stärker noch als in der Antike
schieben sich Grabbauten und Monumente in das Blickfeld der Nachgeborenen.
Im Jahr 1815 entstand auf dem Père-
Lachaise eine Kapelle, die seitdem
in allen Friedhofsbeschreibungen erwähnt wird, löste sie doch in Frankreich eine Welle der Imitationen aus:
die Grabstätte der Familie Greffulhe.
Vor allem der reiche Mittelstand folgt
dem Beispiel der Greffulhes und errichtet sich ebensolche Totenhäuser.
Wie Perlen an einer Kette ziehen sie
sich heute die Wege der Pariser Nekropolen entlang. Für den deutschen Besucher Friedrich Hebbel im Jahr 1843
ein Grund zur Verwunderung: »Die
Gräber der Toten lassen sich ohne
einen Cicerone ebenso schwer finden
wie die Wohnungen der Lebenden
ohne den Adreß-Kalender. Der ganze
Unterschied besteht darin, daß es auf
dem Friedhof heißt: Hier ruht! und in
der Stadt: Hier wohnt!«
In der Tat ist dieser Kapellenkult auf
dem Père-Lachaise ungewöhnlich aus-
geprägt. Die Cella mit dem Altar und
der Betbank davor, darunter, bis zu
neun Etagen tief, in ausbetonierten
Grüften mit Flaschenzug und in Nischen eingelagert die Särge der Toten

Sonntag früh holte sie uns ab, wir gingen zusammen auf den Friedhof. Unserer war der Père-Lachaise, 43. Abteilung. Mein Vater ging nie hinein. Er konnte Gräber nicht ausstehen. Er blieb beim Rond-Point gegenüber vom Gefängnis La Roquette. Dort las er seine Zeitung und wartete, bis wir wiederkamen.

Großmutters Gruft war sehr gepflegt. Mal räumten wir den Flieder weg, mal war's Jasmin. Wir selbst brachten immer Rosen. Das war der einzige Luxus, den wir uns leisteten. Wir tauschten die Vasen aus, wir rieben die Steine auf Hochglanz. Drinnen sah es aus wie in einem Puppentheater, mit farbigen Statuen und echten Spitzendecken. Meine Mutter brachte immer neue, das war ihr ein Trost.

Während wir das Grab schmückten, hörte sie nicht auf zu schluchzen . . . Caroline lag nicht weit, da drunter . . . Ich sah sie sozusagen vor mir . . . Und wenn man auch alle Sonntage wusch und putzte, dennoch stieg von unten ein seltsamer leichter Geruch auf . . . ein scharfer, feiner, säuerlicher, sehr eindringlicher . . . wenn man ihn einmal gerochen hat . . . riecht man ihn überall wieder . . . trotz der Blumen . . . In ihrem Duft selbst . . . an sich . . . Das macht einen schwindlig . . . es kommt aus dem Grab . . . man glaubt, man hätte es nicht gerochen. Und dann ist es wieder da! Ich ging ans Ende der Allee, um Wasser für die Vasen zu holen . . . Ich sagte nichts . . . und dann stieg der leichte Geruch doch wieder zu mir auf . . . Wir verrammelten die Tür . . . Wir beteten . . . Wir kehrten nach Paris zurück . . .

Louis-Ferdinand Céline, Tod auf Kredit

— derart gestaltete Grabstätten sind heute noch repräsentative Aushängeschilder vieler traditionsbewußter und wohlhabender Familien.

Die meisten dieser Bauten wurden im Stil der Troubadour-Gotik mit all ihren scheußlichen Zierlichkeiten, verlogenen Empfindsamkeiten und falschem Prunk errichtet. Die Absicht ist deutlich: Wie etwa in der Antike soll ein solches verschnörkeltes Totenhaus mit seinen vielen betonten Einzeleffekten, mit feinziselierter Dornen- und Hekkenornamentik der Türen und Fenster vorrangig Zeugnis ablegen vom Wohlstand der Hinterbliebenen. Der Toten einer solchen Familie wird auf Wandtafeln im Inneren gedacht, das heute eine meist verrottet-verrostete Tür von der Außenwelt trennt.

Gewiß, Frankreich war immer das Land der Gotik. Anfang des 19. Jahrhunderts verfiel diese jedoch, mit dem Klassizismus konfrontiert, dem Manierismus. In Stil und Ausdruck wurde sie profan. Wer heute die über die Zeit ergraute Kapelle der polnischen Familie Ornano (in der auch Napoleons Geliebte, die mit einem Ornano verheiratete Maria Walewska, kurzfristig lag), die des Suezkanal-Erbauers Ferdinand de Lesseps oder die des Proust-Intimus Reynaldo Hahn besucht, wird mit stilistischen Auswüchsen konfrontiert, wie man sie in ihrer süßlichen Dämonie aus alten Horrorfilmen kennt.

»Das Floß der Medusa«
Relief auf dem Grab von Géricault

Grabinschriften für Freund und Feind

Das Bedürfnis der Lebenden, die letzte Ruhestätte ihrer Toten mit näheren Auskünften zu versehen, war auch in der Antike schon gang und gäbe. So finden sich auf römischen Gräbern umfangreiche Angaben über Beruf, Alter, gute Taten und Familie des Verstorbenen. Die ersten Christen hatten auf solche Grabinschriften verzichtet. Das Leben nach dem Tod lag ihnen mehr am Herzen als in Stein gemeißelte Elogen und die Aufzählung der Verdienste im irdischen Dasein. Nur bei Heiligen und hohen Kirchenvätern machte man Ausnahmen. Erst im 10. Jahrhundert tauchen Kurzbiographien am Grabe wieder zahlreicher auf. Zumeist in Kirchen, Klöstern und Domen, wo sich, neben dem Klerus, hochgestellte Persönlichkeiten und vor allem Vertreter des Adels und Königtums mit Vorliebe bestatten ließen. Später gab man auch auf den Friedhöfen bei den Einzelgräbern, sofern sie mit einem Kreuz oder Stein geschmückt waren, Geburtstags- und Todesdatum an. Mehrzeilige Lobeshymnen in lateinischer Sprache schlossen sich daran an.

Vom 14. Jahrhundert an wurde das Epitaph in Frankreich üblich. Oft beginnend mit einem schlichten »Cygist . . .« (alte Form von ci-gît — hier ruht), wurden die Toten der Gnade Gottes anbefohlen. Und nicht selten bat man in diesen meist in Stein gehauenen und in der Landessprache abgefaßten Zeilen um ein kurzes Gebet für die Seele des Verstorbenen.

Mit den Jahren wurden die Grabinschriften länger und informativer. Sie hoben den Toten nicht »in den Himmel«, stellten aber seine Verdienste, vor allem um die Familie und das Allgemeinwohl, wie vordem unmißverständlich heraus. Selbstverständlich fanden auch heldenhafte Großtaten Erwähnung. Und natürlich die Fürsorge für die Ehefrau, die Eltern und die Kinder.

So geehrt wurden natürlich nur jene Toten, die nicht im Armengrab endeten. Das waren zumeist Aristokraten und reiche Städter, die sich entweder auf eigenem Grund und Boden bestatten ließen oder sich auf einem ländlichen Privatfriedhof oder auf dem Kirchhof einkaufen konnten.

Erst der Totenkult des 19. Jahrhunderts führt diese privaten Grabstätten mit dem öffentlichen Friedhof zusammen. Das Epitaph auf seinen Gräbern entwickelt sich zum kunstvollen Gedicht, hier wird die Geschichte des Lebens immer prächtiger ausgeschmückt, und um Heilszumessung in jener anderen

Welt wird in immer blumigeren Versen geworben.

Noch vor der Revolution beriet man sich unter dem starken Einfluß der Kirche in allen Inschriften stets auf Gott; sein Name war allgegenwärtig auf den Bronze- und Steinplatten, mit denen man die Gräber verschloß, ebenso wie auf den Tafeln, die in den Kirchen und den Kapellen des Adels an die Verstorbenen erinnerten.

Auf dem Père-Lachaise, dessen Gräber bis auf Ausnahmen im 19. Jahrhundert angelegt wurden, findet sich Gottes Name selten. Gebete und religiöse Hymnen, in Stein gehauen und in Bronze geprägt, sind rar. Die Kirche und ihre Priester waren zwar wieder akzeptiert — aber man starb auch ohne ihren Trost. Statt dessen wurde nicht selten in symbolischen Botschaften die Lebensbilanz gezogen.

»Das Leben/immer ein Rennen/immer ein Kampf/hier das Ziel« ist auf dem Grab einer Unbekannten in der 90. Abteilung zu lesen.

Ein paar Meter weiter ließ sich die Philanthropin Louise Kopp in die Grabplatte einen Vierzeiler von Victor Hugo meißeln, der die Endstation irdischen Strebens nicht auf diesem Planeten sieht:

»Ich sage euch, daß das Grab, das sich über den Toten schließt,/das Firmament öffnet/und daß wir das für das Lebensende halten,/was der Anfang ist.«

Die Hoffnung, in dieser anderen Welt ein Wiedersehen mit der Familie und den Freunden zu erleben, versetzte manchen Sterbenden des 19. Jahrhunderts geradezu in Euphorie:

»Sie fühlte den Tod kommen,/und — süß — sagte sie mir diese Worte:/Ich versichere dich, es scheint mir,/als wenn ich auf eine Reise gehe . . .« (auf der Stele der Familie Hervouët in der 41. Division).

Natürlich scheidet man von den Lieben nicht ohne manche pathetische Lehre: »Liebt euch, helft euch,/das ist das ganze Gesetz./Den gesegneten Herzen/den Schatten und die Ruhe« (auf dem Grab Pelassy in der 6. Division)

»Freiheit des Mannes und der Frau:/Jedem seine Fähigkeit,/jeder Fähigkeit ihre Werke./Das Goldene Zeitalter ist nicht/in der Vergangenheit,/sondern in der Zukunft« (auf dem Grab Barthélemy Enfantin in der 39. Division).

Starke Ausbrüche von Weltschmerz charakterisieren die romantischen Unterströmungen des 19. Jahrhunderts. Beispielhaft dafür sind die Brontë-Schwestern, deren Revolution der Gefühle immer wieder in Todessehnsucht gipfelt. Wie eine Blume zu welken war für sie und ihresgleichen schmerzlich-schönes Verlangen. Auf einem Grab in der 95. Abteilung wird dem in einem sensiblen Vers entsprochen:

»Von deiner kleinen Schwester/hattest du die Züge, die Süße./Jener so liebe Wahn/hat dich der Mutter geraubt/wie eine weiße Wiesenblume,/die nicht zwei Sommer lebt/und sterben wird, arme Kleine,/wenn man die Marguerite schneidet.«

Häufig finden sich sachliche Lebensmaximen auf den Gräbern wieder. Ärzte und Wissenschaftler brachten ihre Erfahrungen gern auf einen knappen Nenner, formulierten auch am besten, wie vergänglich Reichtum und Ehrungen sind.

»Jugend — Arbeit/Leiden — Ewigkeit/ Tränen — Schmerz/Andenken — Asche« zog der Ingenieur Alfred Leblanc auf seinem Grab in der 93. Division das Fazit, während ein Kollege in der 91. Abteilung klarsichtig erkennt: »Der Tod ist gekommen, um meine Träume zu vernichten./Sei der Jugend nützlich./Ich habe mich endlich von/ allen natürlichen Dingen entfernt./Ich kann sterben, aber nicht mehr forschen.«

Natürlich überwiegen Lobeshymnen auf den Gräbern. Einer Sängerin (95. Division) wird nachgerufen:
»Der singenden Seele/Der unvergleichlichen Isolde/Der genialen und göttlichen/Félia Litvine.«

Seinen Chirurgen Baron Dominique Larrey (28. Division) verabschiedete Napoleon mit einer glänzenden Beurteilung ins Reich des Todes:
»Der Tugendreichste, den ich kannte.« (Ihm hatte der Kaiser während der Visiten oft scherzhaft zugeflüstert: »Monsieur Larrey, ein Souverän ist sehr glücklich, mit einem Mann wie Ihnen eine Affäre zu haben.«)

Auch seinem Sekretär Fleury de Chaboulon ließ Napoleon nur Lob auf den Grabstein meißeln:
»Er war voller Feuer und Verdienste.«

Soldaten und Generälen errichtete man auf dem Père-Lachaise die prunkvollsten Grabmäler. Sprachlich jedoch wurde manches glorreiche Leben auf vaterländische Kürzel reduziert:
»Freiheit, Gleichheit, Brüderlichkeit oder der Tod« ist auf einem solchen Grab in der 26. Abteilung zu lesen.

Auf dem des Militärs Jean-Baptiste Martin nebenan wurde ein »Nobler Rest der großen Armee« gewürdigt.

Selbst Gegner des Kaisers fanden auf dem Père-Lachaise ewigen Frieden. Einem von ihnen, dem »furchtlosen Sidney Smith aus England« (43. Division), nahmen die Franzosen es nicht einmal übel, daß auf seinem Grab sogar eine Niederlage Napoleons verbucht wurde:
»Friede dem Helden, der die Ruinen von Saint-Jean-d'Arc mit Türkenblut gerötet und unglaublichen Mut bewiesen hat. Einen Tag widerstand er Napoleon in seinen Eroberungen und ruht heute im kriegerischen Frankreich ... England hat ein großes Denkmal zu seinem Ruhm errichtet. Dieses Grab wurde ihm durch Freunde, unter denen er lebte und gestorben ist, erbaut.«

General Smith hatte im März 1799 die französische Flotte bis Syrien verfolgt, nachdem er ein Jahr zuvor aus dem Pariser Temple-Gefängnis geflohen war. Nach Napoleons Tod kehrte er nach Frankreich zurück und ließ sich für den Rest seines Lebens in der Hauptstadt nieder.

Ein Leben voller Rätsel müssen der Maler Jean-François Tallichet und der

CONCESSION A PERPETUITE
N 1er ANNEE 1834

Komponist François Chalu (70. Division) geführt haben, geht man von der seltsamen Formel aus, die an der Innenwand ihrer Kapelle zu sehen ist:

$$\pm\,0 = \frac{Vo}{V\,R^2 + (C^2\,Lz^2)}$$

Niemand konnte sie bislang entziffern. Esoteriker machen sich einen eigenen Reim darauf und sprechen von einem poetisch-erotisch-alchimistischen Geheimkode. Womit Okkultismus und Spiritismus ins Blickfeld rücken und der Name Allan Kardec auftaucht.

»Sterben heißt, den Schatten verlassen und ins Licht eintreten«,
lautet die Bilanz, mit der er nach einem mysteriösen Leben und vieldeutigen Werk auf seinem Dolmengrab Besucher konfrontiert. Eine ebenso relative Weisheit wie der Einzeiler auf dem Grab von Michel Omelanovitch Pavlenko, Armeechef der republikanischen Demokratie Ukraine (88. Division):
»Ein Gefühl erschuf das Leben.«
Einen sehr poetischen Vers hinterließ Philippe Le Royer, Mitglied der Nationalversammlung (89. Division), der Nachwelt:
»Die Rose lebt eine Stunde/Die Zypresse hundert Jahre.«
Zahlreiche Lyrismen dieser Art verfaßte der Dichter Sully Prudhomme. Als erbauliches »au revoir« für den Grabstein waren sie im ständigen Angebot der Steinmetzen für die Hinterbliebenen. Sie bezeugen Gefühle, die sich um so stärker äußerten, je mehr die Kirche in den Hintergrund trat. Romantische Reminiszenzen bauschen sich da mächtig auf und machen den Umgang mit den Toten zu einer vertrauten Angelegenheit. Sully-Prudhomme-Lyrik findet sich auf vielen Gräbern des Père-Lachaise, so auf dem eines gewissen Malingré in der 10. Abteilung:
»Die Nächte, süßer als die Tage,/haben unzählige Augen bezaubert./Die Sterne leuchteten immer,/und die Augen waren mit Schatten erfüllt.«
Und auf dem Grab des Dichters Hugues Delorme in der 89. Division steht, ebenfalls von Sully Prudhomme, zu lesen:
»Welche Süße, im Alter die zu lieben, die auch leben.«
Die Großen der französischen Literatur verzichteten dagegen oft auf große Worte und weise Sprüche. Molière und La Fontaine, Balzac und de Nerval geben den Besuchern ihrer Gräber weder erbauliche Ratschläge noch nachdenkenswerte Weisheiten mit auf den Weg. Und auch Alfred de Musset (4. Division) dachte sehr eigennützig, als er auf der Rückseite seines nobel gestalteten Grabmals darum bat:
»Liebe Freunde, wenn ich sterben werde,/Pflanzt mir eine Trauerweide in die Friedhofserde./Ihrer Blätter Tränenschwere liebe ich,/Ihre bleiche Farbe ist so mild für mich./Und ihr Schatten wird so leicht mir lasten/In der Erde, wo ich schlafend werde rasten.«
Mehrere Male erfüllte man ihm diesen Wunsch. Aber die Weiden wollten bis heute nicht recht gedeihen.
Schließlich sei noch Oscar Wilde ge-

nannt, für dessen ungewöhnliches Grab in der 89. Abteilung die Freunde einen Vers aus der »Ballade von Reading Gaol« wählten:

»Und fremde Tränen werden ihm/des Mitleids längst zerbrochene Vase füllen,/denn seine Totenkläger werden Ausgestoßne sein,/und Ausgestoßne trauern stets.«

Wilde ist übrigens einer der wenigen, die sich auf dem Grab zum Glauben bekennen:

»Er starb gestärkt durch die Sakramente der Kirche.«

Das 20. Jahrhundert kennt so umfangreiche Inschriften auf den Gräbern nicht mehr. Colette und Édith Piaf, Raymond Radiguet und Marcel Proust, Paul Éluard und Gertrude Stein wurden unter schlichten Marmorplatten begraben. Nur Namen und Daten sind eingraviert. Der kultischen Verehrung tut diese Sachlichkeit jedoch keinen Abbruch.

Der Maler Théodore Géricault

Große Geister, zarte Seelen — ein Spaziergang zu den ältesten Gräbern

»›Was macht die Marquise d'Arpajon?‹ fragte Madame de Cambremer. — ›Aber sie ist doch tot‹, gab ihr Bloch zur Antwort. — ›Sie verwechseln das mit der Gräfin d'Arpajon, die im vorigen Jahr gestorben ist.‹ — ›Auch die Marquise d'Arpajon ist vor ungefähr einem Jahr gestorben.‹ — ›Ach! Ein Jahr, da muß ich Ihnen aber widersprechen‹, entgegnete Madame de Cambremer, ›ich habe vor noch nicht einem Jahr eine musikalische Soirée bei ihr mitgemacht.‹ — ›Aber wenn sie nicht tot ist, warum sieht man sie denn nie, und ebensowenig ihren Mann?‹ fragte eine alte Jungfrau, die gern die Geistreiche spielte. — ›Ich will es dir sagen‹, fiel ihr ihre Mutter ins Wort, die, obwohl eine Achtzigerin, bei keinem Fest fehlte, ›es ist, weil sie eben alt sind. In ihrem Alter geht man nicht mehr aus!‹ Es klang so, als läge vor dem Friedhof eine besondere, eingefriedete Stadt der Greise mit beständig im Nebel angezündeten Lampen.«

Gespräche in den Pariser Salons der Belle Époque über den Tod und das Sterben hat keiner so treffend und ironisch beschrieben wie Marcel Proust in seinem voluminösen Romanwerk »Auf der Suche nach der verlorenen Zeit«: »Man sagte: ›Aber Sie vergessen, der Soundso ist ja tot‹, ganz wie man gesagt hätte: ›Er hat einen Orden bekommen‹ oder: ›Er ist jetzt Mitglied der Akademie!‹«

Die Menschen akzeptierten und respektierten den Tod wieder. Schon in der Empire-Zeit war man öffentlich gestorben. Und hatte sich, von Romantik umweht, im letzten Willen ein angemessenes Monument aufs Grab gewünscht, um seinem Ruf und guten Namen auch über das Leben hinaus Gewicht zu geben.

Besonders die Künstler, Musiker und Maler, Lyriker und Romanciers, wählten sich den Tod als großes Thema. Wie ein roter Faden zog er sich durch ihre Werke. Ein treffendes Beispiel bietet Honoré de Balzac. Seine Toten, und in jedem seiner Romane gibt es davon mehrere, werden vorzugsweise auf dem Père-Lachaise begraben. So wie Hans-Joachim Goriot (»Vater Goriot«). In den Jahren der Revolution hatte er die Nudelfabrik seines geköpften Chefs übernommen und jahrzehntelang als sein eigener Herr und ein ehrenwertes Mitglied der wohlhabenden Mittelschicht »wolkenloses Glück« genossen. Aber am Ende seines Lebens wendet sich das Blatt, Goriot stirbt einsam und unbekannt. »Ein Privileg unserer schönen Stadt Paris ist es«, läßt Balzac einen Mitbürger sagen, »daß man geboren werden, leben und sterben kann, ohne daß jemand Notiz davon nimmt.«

In einem Armensarg wird der alte Goriot auf dem Père-Lachaise begraben. »Die beiden Priester, der Chorknabe und der Küster kamen und gaben alles, was man für 70 Francs in einer Zeit haben kann, in der die Kirche so arm ist, daß sie ihre Gebete nicht umsonst verrichtet.« Aber nicht jeder starb so verlassen wie Vater Goriot, wurde so teilnahmslos auf dem Père-Lachaise unter die Erde gebracht. Hatte sich doch gerade dieser Friedhof rascher als alle Neubildungen — Passy und Vaugirard, Belleville, La Villette, Berey, Charonne und Saint-Vincent — in der Hauptstadt als Nobelnekropole einen Namen gemacht, seit man dort von Abélard und seiner Héloïse in einer gotischen Prunkkapelle das begraben hatte, was nach zwei Exhumierungen noch gefunden wurde. Von ihm, dem mönchischen Privatlehrer, waren das Teile der Oberschenkel- und Schienbeinknochen, des Rückenwirbels und des Schädels; von ihr, seiner geliebten Schülerin, konnte man den kompletten Schädel sowie Kiefer- und Oberschenkelknochen umbetten.

An ihrem Grab ist das Schicksal der Liebesleute auf Tafeln nachzulesen. Und es greift in der Tat immer noch ans Herz: Zusammenfinden konnten sie zwar, aber glücklich sind sie zu Lebzeiten nicht geworden.

Er, der Theologe Pierre Abélard, hatte sich während der Nachhilfestunden in seine 17jährige Schülerin Héloïse, die Nichte des Pariser Kanonikus Fulbert, verliebt. »Die Bücher wurden aufgeschlagen, aber es wurden mehr Worte der Liebe gesprochen als Worte der Philosophie, und die Küsse waren zahlreicher als die Erklärungen«, bekannte Abélard später. So kam es, wozu es kommen mußte: Seine »Männlichkeit blühte mit zügelloser Wollust«, und »er nutzte ihre jungfräuliche Scham aus« (Rousseau). Neun Monate später erblickte der Knabe Astrolabe das Licht der Welt. Seine Eltern heirateten heimlich und besiegelten damit ihr Schicksal. Denn auf die Wiederherstellung der Familienehre bedacht, ließ Fulbert Abélard entmannen. »Abélardiser«, dieses Wort sollte in die französische Umgangssprache eingehen. Und das Ende der grauslichen Geschichte? — Héloïse wurde Nonne, machte Karriere in der Abtei Paraclet bei Nogent-sur-Seine, sie starb als Äbtissin. Ihr wurde sogar der letzte Wunsch erfüllt: Sie durfte sich neben dem 22 Jahre zuvor gestorbenen Mönch Abélard zur letzten Ruhe betten lassen.

Die bittersüße Love-Story aus dem 12. Jahrhundert hat ihre Wirkung auf die Nachwelt nicht verfehlt. Rousseau brachte sie in Form eines Briefwechsels in die Literatur ein. Zu seiner Zeit zweifellos ein Bestseller und letztlich eine gute Werbung für den Père-Lachaise, der dadurch ins Gespräch kam. Auf einmal drängte sich »tout Paris« da-

Rückansicht des Grabes von Alfred de Musset, in der Mitte die Weide und rechts in Marmor die Mutter des Dichters

nach, in der Nachbarschaft dieser berühmten Toten oder in der eines La
Fontaine oder Molière begraben zu
werden. Molières sterbliche Überreste
– oder das, was man dafür hielt – waren 1792 aus einem Massengrab des
Friedhofs der Gemeinde St. Eustache
geborgen worden, wo man ihn nach
seinem Tod am 17. Februar 1673 verscharrt hatte. Die Kirche hatte ihm die
Sakramente verweigert. Erst 1817 wurde der Schauspieler und Stückeschreiber durch Ludwig XVIII. rehabilitiert:
Dieser bestimmte ein Geviert auf dem
Père-Lachaise, wo heute hinter einem
schützenden Gitter die prachtvollen
Särge Molières und seines Freundes La
Fontaine zu betrachten sind.

In der Friedhofsverwaltung ist man sicher, daß sich in diesen Sarkophagen
keine irdischen Reste der zwei großen
Geister mehr befinden. Wenn doch,
dann wären es wohl kaum die echten.
Der Theater- und der Fabeldichter haben keine Spuren hinterlassen.

Von dem Pariser Arzt Joseph Ignace
Guillotin kann man das nicht sagen. Er
war während der blutigen Revolutions-
tage prominent geworden, nachdem er
sich unter Mithilfe des deutschen Kla-
vierbauers Schmidt (er starb später im
Delirium tremens) eine Enthauptungs-
maschine so hatte perfektionieren lassen, daß allen Opfern »Gleichheit auch
beim Sterben« garantiert wurde. Die
Guillotine, die damals den Spitznamen
»Abbaye de Monte-à-Regret« (Abtei
zum Reue-Aufstieg) bekam, sollte ihren
Dienst bis weit in unser Jahrhundert

hinein tun: Am 28. November 1972
köpfte sie in der Strafanstalt Frèsnes
zum letztenmal zwei Mörder. Und Dr.
Guillotin? – Er blieb, obwohl aktives
Mitglied der Generalstände, von dem
nach ihm benannten Mordapparat ver-
schont und starb eines natürlichen Todes im Bett.

Die Revolution fraß eben nicht alle ihre
Kinder. Das wird auch am Schicksal des
Stückeschreibers Pierre-Augustin Beaumarchais deutlich. Stets sein politisches
Mäntelchen nach dem Wind hängend,
tat er sich mal als Gesellschaftskritiker,
dann als Komödienschreiber (»Der tol-
le Tag«) hervor. Die Heirat mit einer
verwitweten Adeligen brachte ihm
einen Titel ein und genug Geld, um ein
ausschweifendes Leben führen zu können. Später verwickelte Beaumarchais
sich auch noch in Waffengeschäfte, be-
teiligte sich am Sklavenhandel und lan-
dete im Gefängnis. So geschehen in
der Revolutionszeit, aber den Kopf ließ
man ihm zwischen den Schultern. Letztlich durfte Beaumarchais sogar emi-
grieren. Er fand Zuflucht in Hamburg,
wo er sich ein paar Jahre in einer Dach-
wohnung mehr schlecht als recht über
Wasser hielt. 1796 kehrte er nach Paris
zurück und erlag hier drei Jahre später
einem Gehirnschlag.

Ein bedeutungsschwangerer Name aus
revolutionären Tagen ist Eléonore Duplay. Sie war die Tochter jenes Tisch-
lers, in dessen Haus der Bürger Maximilien Robespierre zwei kleine Zimmer
bezogen hatte. Ob der revolutionäre
Puritaner des Handwerkers Töchterlein

nun liebte oder nicht, ob er sogar die Heirat mit ihr plante – das wissen die Götter. Immerhin entging sie der Enthauptung durch Dr. Guillotins Mordinstrument und starb 1832 im Alter von 61 Jahren ganz gewaltlos. Die letzten Lebensjahre hatte ihr der Staat sogar mit einer Rente von 1500 Francs versüßt. Als Dank dafür stand sie manchem Chronisten Rede und Antwort. Und blieb auch nach ihrem Tod im Gespräch. An ihrem Grab, das eine schlichte Stele schmückt, finden sich immer Verehrer mit Blumen. Und nicht wenige von ihnen behaupten, daß dort nicht nur der Geist Robespierres umgehe, sondern auch seine kopflose Leiche später neben der Geliebten begraben worden sei. Für Historiker nur ein Gerücht: Ihrer Meinung nach ist Robespierre, wie auch Danton, in einem Massengrab verschwunden.

Auch der Geist Frédéric Chopins spukt am Grab des berühmten Toten und fährt dort mit Vorliebe in jene Besucher, die sich zum Pianisten berufen fühlen und von einer glanzvollen Zukunft träumen. Chopins Verehrer sehen das nicht anders und schmücken das Grab des Polen mit den schönsten Blumen. Daß man ihn überhaupt auf dem Père-Lachaise beerdigte, hat seinen Grund: Von der Seinemetropole und ihrem Flair lebenslang gefangen, hatte Chopin am Place Vendôme Wohnung bezogen. Hier starb er am 17. Oktober 1849 39jährig an Tuberkulose, nachdem er sich ein halbes Jahr zuvor von seiner Freundin George Sand, die auch

mit Alfred de Musset, Eugène Delacroix, Victor Hugo, Gustave Flaubert und Heinrich Heine liiert oder befreundet gewesen war, getrennt hatte. Zu seinem Grab mit dem Medaillon, das einen stark idealisierten Kopf zeigt, und der verträumten Muse darüber wallfahren vor allem viele Exilpolen und erörtern hier erregt mit den Parisern, ob der Meister denn nun als Pole oder gar schon als Franzose gestorben sei. Sie können sich damit trösten, daß sich Chopins Herz nicht auf dem Père-Lachaise befindet. Es wurde nach seinem Tod in die Kirche zum Heiligen Kreuz nach Warschau überführt.

Zurück in die polnische Heimat, für die in ihrem Herzen viel Platz war, fand am Ende auch Napoleons große Liebe Maria Walewska. Drei Jahre lang ruhte sie, wie bereits erwähnt, auf dem Père-Lachaise in der Gruft der Familie ihres Gatten Ornano, dann überführte man die patriotische Frau in die Pfarrkirche von Kiernozia. Ihr Sohn Alexander Walewski, dessen Vater Napoleon I. war, machte in Frankreich eine politische Karriere. Unter Napoleon III. wurde er Außenminister und ein geachtetes Mitglied der Akademie der Schönen Künste. Nicht weit von der zeitweiligen Ruhestätte seiner Mutter fand er, nach einem sehr bewegten Berufs- und Privatleben, in einer großen Kapelle seine letzte Ruhestätte.

Ein Geheimnis rankt sich um das Grab des napoleonischen Marschalls Ney. Er hatte nach der Flucht seines Kaisers von Elba sofort gerüstet und am Sturz

vier Jahre später überführte man ihn auf den Père-Lachaise und errichtete ihm zu Ehren ein rätselhaftes Grabmonument. Dem Bildhauer Jacob Epstein ist eine überlebensgroße, geflügelte Sphinx mit den Zügen des Dichters gelungen. Ein kolossales Werk, das man noch vor Jahren als eindeutig männlich identifizieren konnte. Dann aber schlugen zwei puritanische Touristinnen dem steinernen Wilde die entscheidenden Merkmale ab. Friedhofswärter überraschten die Damen dabei, ließen sich die Männlichkeitsattribute aushändigen, um sie im Wärterhäuschen am Haupteingang als Paperweights zu benutzen. Inzwischen sollen die Corpora delicti in einer Vitrine im Büro des Direktors zu besichtigen sein.

Natürlich geben sich am Grab des homosexuellen Wilde seine gleichgesinnten Anhänger oft und gerne ein Stelldichein, hinterlassen in Briefchen Botschaften für die Freunde, stellen auch meistens Blumentöpfe nieder. Und schwärmen dann von hier aus zu den Schwulentreffs in den Divisionen 19, 26 und 29, wo unter der symbolischen Schutzherrschaft vieler dort liegender napoleonischer Generale die morbide Erotik blüht. Auch das Kolumbarium, die Urnenhalle, ist ein Anziehungspunkt für sexuelle Aktivitäten aller Stilrichtungen. Roger Peyrefitte hat die dortige Schwulenszene ausführlich beschrieben.

Am Grab des französischen Spiritisten-Papstes Allan Kardec ist von einer solchen Atmosphäre nichts zu spüren. Al-

lerdings kommt es hier unter Mitwirkung geheimer Kräfte oft zu nächtlichen Séancen. Eine solche wurde 1971 in der Zeitung »Le Meilleur« wie folgt beschrieben: »Die Anhänger Kardecs strecken die Arme zum Himmel. Ein Vogelschrei unterbricht dieses stille Gebet. Jeder der Anwesenden zieht einen Brief aus der Tasche und schickt sich an, ihn mit leiser Stimme vorzulesen. Ein paar Augenblicke lang ist es ein stummes Murmeln, im monotonen Rhythmus einer Litanei. Dann reichen die Anwesenden die gerade verlesenen Schreiben einander zu.«

Solche Briefe, fast versteckt zwischen Bergen von Blumen, werden täglich zu Dutzenden am Grab Kardecs niedergelegt. Und jeder Besucher berührt liebevoll den golden glänzenden Kahlkopf des 1869 verstorbenen Inspirators des Okkultismus, um ein heiliges Fluidum zu empfangen und bereit zu sein für eine minutenlange Meditation.

Die Quintessenz seiner Botschaft, die Kardec in vielen Schriften erklärte — sie sind in der friedhofsnahen Buchhandlung Vermet, Avenue du Père-Lachaise, ebenso zu erwerben wie die Minibüsten des Meisters —, ist auf dem Grab zu lesen: »Man wird geboren, stirbt, wird wieder geboren und mit jedem Leben vollkommener.« Für Goethe-Kenner nichts Neues: Der Alte aus Weimar hat ähnliche Weisheiten verbreitet. Aber wer war Kardec? Geboren wurde er 1804 als Denizard-Hippolyte-Léon Rival in der Bretagne, wo er später auch als Gymnasiallehrer wirkte. Im Al-

Darstellung der Verstorbenen mit ihrem Lieblingshund

Relief auf dem Grab
von James Pradier

der Bourbonen großen Anteil gehabt. Aber Waterloo besiegelte dann auch sein Schicksal: Ney wurde wegen Hochverrats am 7. Dezember 1815 erschossen. So ist es in historischen Dokumenten verbürgt.

Diese jedoch erzählen angeblich eine fromme Lüge. Die Erschießung Neys, so behaupten andere Quellen, sei nur eine Farce gewesen. Der Herzog von Wellington, wie der zum Tode Verurteilte Rosenkreuzer vom Schwarzen Adler, habe mit Platzpatronen schießen lassen, um dem Ordensbruder die Flucht aus Frankreich zu ermöglichen. Auf dem Segelschiff »City of Philadelphia« sei Ney dann nach Amerika entkommen, habe sich im kleinen Ort Brownsville in South Carolina als Lehrer niedergelassen und sei schließlich am 15. November 1846 in Statesville gestorben. Fazit: Sein Grab auf dem Père-Lachaise ist vielleicht leer.

Mit der Beerdigung des Schriftstellers Honoré de Balzac begann auf dem Père-Lachaise die Zeit der großen »pompes funèbres«. Seine Leiche hatten die Kollegen Alexandre Dumas fils und Victor Hugo mit ehrenden Reden unter die Erde gebracht. Tausend Trauernde hörten, wie Hugo den Verstorbenen als einen Mann rühmte, der »das Leben durchwühlt, die Leidenschaften zergliedert« hat. »Er öffnete, lotete die Seele ab, Herz und Eingeweide, das Hirn und den Abgrund, den jeder in sich trägt . . .«

Balzac, der sein Gesamtwerk als »Menschliche Komödie« bezeichnete, durchlitt selbst eine Tragödie. In eine Mönchskutte gewandet, schrieb er, von Kaffee aufgeputscht, wie ein Besessener jede Nacht seine Romane nieder. »Man schmeißt schon etwas hin, schwarz auf weiß, in zwölf Stunden«, teilte er seiner Schwester einmal mit. »Und am Ende eines Monats ist etwas Schönes geschafft.« 143 Romane hatte Balzac geplant, nur zwei Drittel konnte er vollenden. Mit 51 Jahren starb er unter Hinterlassung eines Gerüchtes, das noch heute die Balzac-Liebhaber und -Gegner gleichermaßen beschäftigt. Während seiner Todesstunde am 19. August soll seine langjährige Geliebte und frisch angetraute Ehefrau Eveline Hanska-Rzewuska ein Schäferstündchen mit dem Maler Jean Gigoux verbracht haben. Die Tochter der Gräfin Hanska reagierte umgehend. Sie erhob Klage gegen den Urheber dieser Behauptung, einen Balzac-Biographen. Vergeblich.

Balzacs Grab, neben dem auch das seiner Gräfin liegt, ist heute ein begehrtes Ziel für Okkultisten. Als Schüler des Naturphilosophen Swedenborg, den Kant einen »Geisterseher« nannte, hat er selbst das Seine dazu getan, daß Besucher vor seiner Büste oft Stunden in tiefer Meditation verbringen. Ein großer Geist läßt grüßen.

Ihm gegenüber wurde ein anderer Unsterblicher der französischen Literatur begraben: Gérard de Nerval. Sein Name ist auf der schlichten Stele kaum noch auszumachen. Die Verbindung zwischen ihm und Balzac ist jedoch

leicht herzustellen. Hatte der Romantiker, dessen bürgerlicher Name Gérard
Labrunie war, doch einst dem nächtlichen Vielschreiber den guten Rat gegeben: »Sie sollten darauf achten, lie-
gend zu sterben.« Ironie des Schick-
sals: Nerval selbst gelang das nicht.
Nach einem wüsten Leben voller Alko-
holexzesse und wilder Eskapaden mit
Damen und Dämchen knüpfte er sich
am 26. Januar 1855 in der Rue de La
Vieille-Lanterne am Gitter eines Toilet-
tenfensters auf. An einem Schürzen-
band übrigens, das er in seinem Wahn
für den Gürtel gehalten hatte, den die
von ihm schwärmerisch verehrte Ge-
mahlin des Sonnenkönigs »Madame de
Maintenon trug, als sie [1689] in [dem
Mädchenpensionat, H.-E. L.] Saint-Cyr
in ›Esther‹ auftrat«.
Von einer paranoiden Krise in die andere fallend und vor die Alternative
Wahnsinn oder Selbstmord gestellt,
hatte Nerval sich für den Tod von eigener Hand entschieden. Und entsprach
damit den mitfühlenden empfindsa-
men Seelen, deren Innenwelt in jenen
Tagen so klirrend an der Außenwelt
zerbrach. »Kein Mensch nahm je ein
Rasiermesser in die Hand, ohne daran
zu denken, wie leicht er den silbernen
Lebensfaden durchtrennen könnte«,
hatte Lord Byron die Gemütslage vieler
Dichterkollegen interpretiert. Und der
Schriftsteller Sainte-Beuve hatte scharf-
sinnig erkannt: »Der einzige Wunsch
aller Renés und Chattertons unserer
Zeit ist es, ein bedeutender Dichter zu
sein und zu sterben.«

Es war wohl dieser Drang zur Unsterblichkeit, der einen Romantiker par ex-
cellence wie Nerval zu diesem Schritt
bewegt hatte. Damals dachte man in
seinen Kreisen eben so: »Ein Selbstmord verschaffte einem Mann Geltung.
Lebendig war man nichts; tot jedoch
wurde man zum großen Thema. Die
Presse berichtet über sie, die Leute
empfinden mit ihnen.« (Zitat aus dem
zeitgenössischen Roman »Jérôme Pa-
turot à la recherche d'une position so-
ciale«)
Das Werther-Fieber, von Goethe ange-
facht, grassierte auch in Frankreich
(wie in Deutschland, in Holland, in
England und in Skandinavien). Es gab
eine Werther-Mode, die die jungen
Herren veranlaßte, getreu dem literarischen Vorbild in blauem Frack und gel-
ber Weste aufzutreten. Und es gab Wer-
ther-Selbstmorde, Feiern zu Werthers
Gedächtnis, Werther-Predigten und
Werther-Karikaturen. Und das alles
nicht nur für ein Jahr, sondern über
Jahrzehnte. Goethe selbst hatte vermerkt, daß sogar »der Chinese« Lotte
und Werther auf Porzellan gemalt habe.
Und der größte Triumph für ihn war,
daß ihm Napoleon bei einer ihrer Be-
gegnungen gestand, er habe das Buch
schon mehrere Male gelesen.
Für Gérard de Nerval war Literatur
nicht nur Zeitvertreib und Vergnügen
— er lebte sie und war imstande, be-
schriebene Lebensgefühle, Gefühlstie-
fen und Verzweiflungen nachzuempf-
finden. Er übersetzte unter anderem
auch Heine- und Klopstock-Gedichte

Eine bunte Menge, Lebende und Tote durcheinander, bewegt sich auf einem kleinen Platz hin und her.

Die Toten tragen Kostüme aus allen Jahrhunderten, etwas abgenutzt und verwaschen.

Während die Lebenden es eilig haben, schlendern die Toten langsam umher, traurig und ein bißchen schamhaft. Im übrigen begnügen sich die meisten damit herumzusitzen oder in Ecken, vor Schaufenstern, in Türöffnungen zu stehen.

»Sagen Sie mal!« ruft Pierre aus. »'ne Menge los hier!«

»Nicht mehr als sonst«, erwidert der alte Herr. »Nur sehen Sie jetzt, seit Sie registriert sind, auch die Toten.«

»Wie unterscheidet man die von den Lebenden?«

»Das ist ganz einfach: Die Lebenden, die haben's immer eilig.«

Sie setzen ihren Weg fort, werden aber bald aufgehalten durch eine Gruppe, die ihnen entgegenkommt.

An der Spitze geht ein kleiner Mann, der blöde und degeneriert aussieht. Ihm folgt seine ganze vornehme männliche Ahnenreihe vom neunzehnten Jahrhundert bis zum Mittelalter, alles stattliche und schöne Leute von hohem Wuchs.

Der lebende Sproß dieser vornehmen Familie bleibt stehen und zündet sich eine Zigarette an; die Ahnenreihe hinter ihm bleibt ebenfalls stehen und verfolgt mit staunender Aufmerksamkeit jede seiner Bewegungen.

Pierre kann einen belustigten Ausruf nicht unterdrücken.

»Was ist denn das für ein Fastnachtszug?«

Kaum ist ihm diese unvorsichtige Bemerkung entfahren, als einige von den Vornehmen ihm wütende und betroffene Blicke zuwerfen.

Diskret erklärt der Greis:

»Eine uralte Familie von hohem Adel. Die Leute laufen hinter ihrem letzten Sproß her . . .«

»Na«, murmelt Pierre, »schön ist er nicht. Auf den können sie nicht stolz sein. Und warum laufen sie hinter ihm her?«

Der Greis zuckt gottergeben die Achseln.

»Sie warten nur, bis er tot ist, um ihn dann anschnauzen zu können.«

Jean-Paul Sartre, Das Spiel ist aus

Chemin Denon

und Goethes Faus II (den ersten Teil des Faust hatte er 19jährig ins Französische übertragen). Dann zog er den Schlußstrich unter sein Leben. Vor der Stele mit seinem Namen werden täglich Blumen niedergelegt.

Ein großartiges Begräbnis wurde Alphonse Daudet nach seinem Tod am 15. Dezember 1897 ausgerichtet. Den Sarg des Verfassers der berühmten »Briefe aus meiner Mühle« eskortierten Émile Zola, Anatole France und Marcel Proust zum Père-Lachaise. Proust erinnerte sich später wohl an den Tod seines Freundes, als er das Begräbnis einer seiner Romanfiguren beschrieb: »Er wurde begraben, aber während der ganzen Trauernacht wachten in den beleuchteten Schaufenstern seine jeweils zu dreien angeordneten Bücher wie Engel mit entfalteten Flügeln und schienen ein Symbol der Auferstehung dessen, der nicht mehr war.«

Als Daudet starb, war er bereits unter den Großen seiner Zeit etabliert. Auf dem Weg zum Friedhof spielte man die »Arlésienne«. Ein »pompe funèbre« comme il faut. Heute kaum vorstellbar angesichts der Grabkapelle des Dichters, die sich in einem trostlosen Zustand befindet. Zwischen anderen Kapellen fällt sie langsam der Anonymität anheim. Kaum noch zu entziffern sind die Titel von Daudets Werken unter seinem Porträt an der Außenwand, über die der saure Regen schmutzig-gelbe Streifen gezogen hat.

Die glänzende Fassade eines glorrei-chen Lebens verfällt oft unbarmherzig zur trostlosen Ruine. Das wird auf diesem Friedhof immer wieder erschütternd deutlich. Alfred de Mussets Grab ist davon kaum betroffen, betrachtet man die dort niedergelegten Blumen als Maßstab eines noch immer existierenden Ruhms. Im Alter von 47 Jahren war er nach einem alkoholfeuchten Leben 1857 gestorben. Hinter sich ließ er eine unglückliche Affäre mit George Sand und ein Lebenswerk, in dem er die Liebe oft an der Lust zerbrechen ließ. Romantische Seele durch und durch, litt er an permanentem Weltschmerz. Schon als 25jähriger hatte er jenen berühmten Sechszeiler verfaßt, in dem er sich eine Weide über seinem Grab wünschte.

Eine zartbesaitete Seele ist auch Oscar Wilde gewesen. Daheim in England machte ihn seine Homosexualität zur Persona non grata. Ein Jahrhundertprozeß, vom Vater seines Freundes Lord Alfred Douglas gegen ihn angezettelt, brachte dem Schöpfer zarter Märchen und brillanter Salonkomödien zwei Jahre Zuchthaus und »hard labour« in Reading ein. Nach der Entlassung 1897 flüchtete er nach Frankreich. Im »Hôtel d'Alsace«, Rue des Beaux Arts No. 13, starb er am 30. November 1900. Die Todesursache ist umstritten. Mal ist von einer verschleppten Syphilis die Rede, dann wieder von einer eitrigen Mittelohrentzündung, die sich ins Zwischenhirn ausgeweitet hat.

Oscar Wilde wurde zunächst auf dem Friedhof von Bagneux begraben; erst

Grab von Allan Kardec

Grab von Oscar Wilde

ter von fünfzig Jahren empfing er auf einer spiritistischen Sitzung den Ritterschlag des Geistes Zephyr. Der flüsterte ihm ein Vorleben als Druide ein, machte ihn mit seinen »Mitarbeitern« Sokrates, Luther und Napoleon bekannt. Seelenwanderung in Reinkultur! Kardec wurde ihr Sprachrohr. Sein Buch »Das Leben der Geister« ist bis heute ein Bestseller geblieben; und beim Menhir am Dolmengrab des Druiden ist stündlich Hochbetrieb.

Kardec ist nicht der einzige Tote, der auf dem Père-Lachaise mit Botschaften aus dem Jenseits zu seinen Jüngern Kontakt hält. Diese jedoch passen sich dem oft drückenden Schweigen dieser Totenstadt an, versinken in Meditation, verharren in stiller Andacht, die keines Menschen Seele stört.

Andere Besucher wiederum hinterlassen in ihrer Hinwendung zu Luzifer unübersehbare Spuren. Das sind die Fanatiker jener schwarzen Messen, die trotz offizieller Verbote zu mitternächtlicher Stunde vorwiegend im ältesten Teil der Nekropole, in der 11. Abteilung am Chemin Denon, praktiziert werden. Das Grab des Literaten und Philosophen Antoine Fabre d'Olivet, der zu Lebzeiten in seinem Privattempel in der Rue du Cherche-Midi einen Geheimkult gegründet hatte, dient heute häufig als Altar für blutige Rituale, denen vorwiegend Katzen und Tauben zum Opfer fallen. Ihre Kadaver und dazu Kerzenreste finden die Wärter, die auf ihren nächtlichen Kontrollgängen diesen Bezirk aussparen, am Morgen

danach am Grab des Magiers, der einst die Geister, die er gerufen hatte, selbst nicht mehr los wurde und sich 1825 mit einem Dolch entleibte.

Nicht weit von Fabre d'Olivet entfernt liegt die exzentrische Berthe Courrière begraben, auch als Madame Chantelouve bekannt. Die stets in grelles Rot gekleidete Muse vieler schwarzer Messen konnte selbst einen so kritischen Schriftsteller wie Joris-Karl Huysmans Ende des 19. Jahrhunderts zur Magie bekehren. Nicht nur das, er wurde einer ihrer glühendsten Verehrer und Liebhaber. Zwischen seinen zwei Nachfolgern, dem Literaten Remy de Gourmont und dem Bildhauer Jean-Baptiste Clésinger, wurde Berthe zur letzten Ruhe gebettet. Auf ihrem Grab ist sie in Stein verewigt. Nächtens findet hier Unheimliches statt: Frauen und Männer in roten Kapuzenmänteln verrichten im Bannkreis dieser Toten absurde Zeremonien, die nicht selten in sexuelle Bacchanale ausufern.

Und noch eine Tote muß erwähnt werden, die die Phantasie ihrer Jünger aufs heftigste beschäftigt und sie zu manchem Hexensabbat verführt: die Comtesse Demidoff. Ihre Paranoia hinterließ über ihr Ende hinaus sichtbare Spuren. Kröten, Schlangen und Wolfsköpfe zieren ihren weißen Marmortempel. Für die Verbrüderung mit einem ebenbürtigen Nachgeborenen hatte die Comtesse in ihrem Testament sogar eine Prämie von zwei Millionen Rubel ausgesetzt. Vorausgesetzt, die mutige Seele lebte ein Jahr lang in ihrem To-

Auf dem Friedhof Père-Lachaise, in der Gegend des Massengrabs, fern dem vornehmen Viertel dieser Gräberstadt, fern der mit Bildhauerphantasie prangenden Grüfte, die vor dem Angesicht der Ewigkeit die häßlichen Moden des Totenkults zur Schau stellen, in einer verlassenen Ecke, an einer alten Mauer unter einer großen Eibe, an der Winden hochklettern, zwischen Quecken und Moos, steht ein Stein. Er ist so wie die anderen vom Aussatz der Zeit versehrt, von Schimmel, Flechten und Vogelunrat. Das Wasser färbt ihn grün, die Luft schwärzt ihn. Kein Pfad ist nahe, und man geht nicht gern nach dieser Seite, weil das Gras hoch ist und man sofort nasse Füße hat. Wenn etwas Sonne scheint, kommen die Eidechsen. Ringsherum beben die Halme des wilden Hafers. Im Frühling singen die Grasmücken auf einem Baum.

Der Stein ist völlig kahl. Man hat, als man ihn mit dem Meißel bearbeitete, nur an die unentbehrlichste Grabzierde gedacht und war nur besorgt, einen Stein zu wählen, der lang und schmal genug war, um einen Menschen zu decken. Kein Name ist auf der Fläche zu lesen. Nur vor einer Reihe von Jahren hat eine Hand mit einem Bleistift vier Zeilen draufgeschrieben, die durch Regen und Staub nach und nach unentzifferbar geworden und heute wahrscheinlich verlöscht sind:

»Er schläft, der immerdar geduldet hat hienieden,
und starb, weil ihm zuletzt noch ward der Schmerz beschieden,
daß er den Engel seines Lebens nicht mehr fand,
so, wie es nachtet, wenn das Tageslicht entschwand.«

Victor Hugo, Die Elenden

tenhaus. Bislang verhinderte die Friedhofsverwaltung solch makabre Einquartierungen mit Erfolg. Nächtliche Séancen jedoch finden am Demidoff-Grab nach wie vor mit schöner Regelmäßigkeit statt.

An anderen Gräbern der Totenstadt geht's ruhiger zu. Zur Kartenlegerin Anne-Marie Lenormand, zum Kardec-Schüler Pierre-Gaëtan Leymarie und zu Doktor Gérard Encausse, genannt Papus, wallfahren introvertierte Zeitgenossen, die in der Aura der verehrten Idole jenen Botschaften aus dem Jenseits nachsinnen, die jenseits von Gut und Böse sind.

Kapelle auf dem
Père-Lachaise

Friedhof von
Montmartre

Impressionen vom
Père-Lachaise

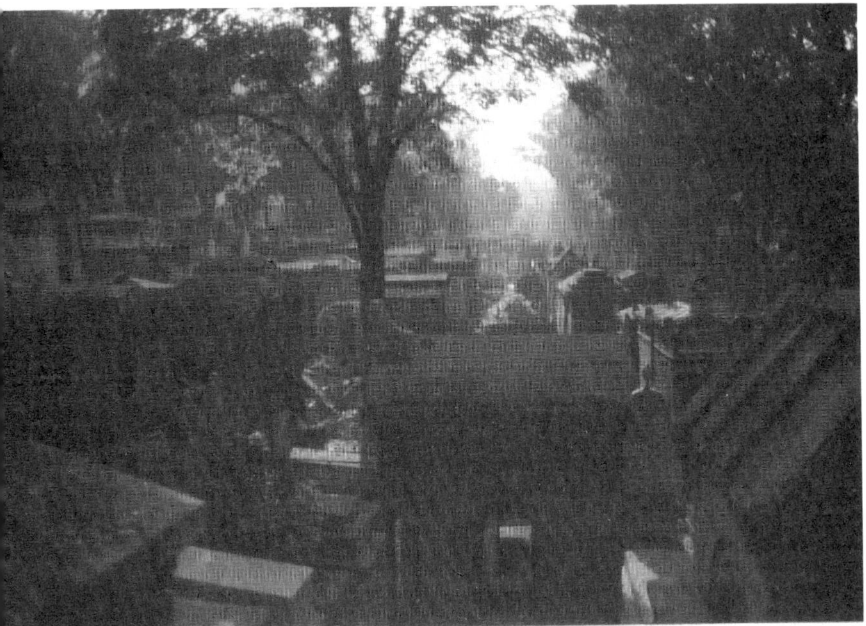

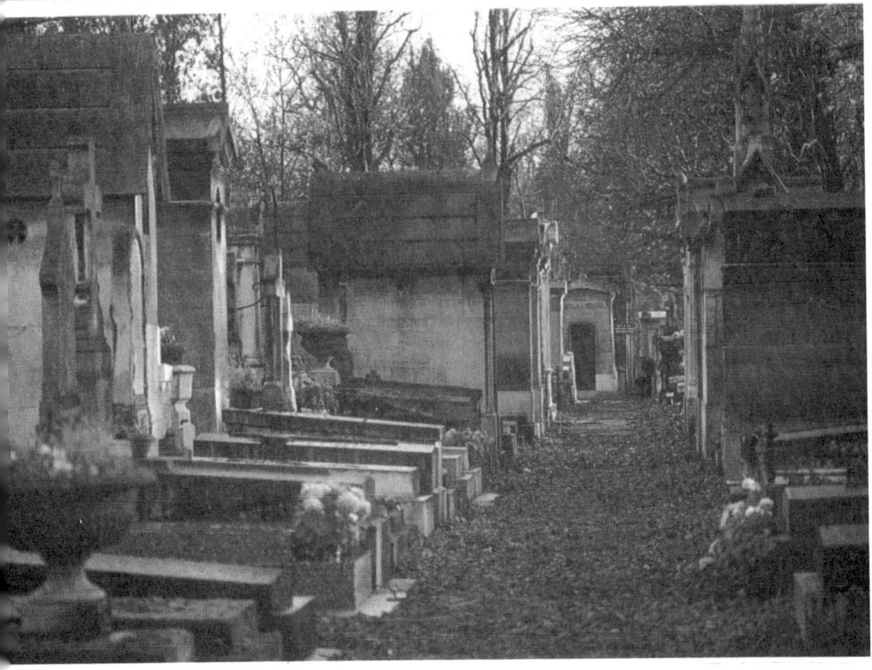

Idylle auf dem Friedhof
von Montparnasse

Grabinspektion auf
dem Père-Lachaise

Katzenfütterung auf dem Friedhof von Montparnasse

Schriftenmaler auf dem Père-Lachaise

Motive vom
Père-Lachaise

Grab Edith Piaf,
Père-Lachaise

Grab Gerard de
Nerval, Père-Lachaise

Jüdische Grabkunst auf
dem Friedhof von
Montparnasse

Grabdetails auf dem Père-Lachaise

Grab Camille Saint-Saëns, Friedhof von Montparnasse

Grufteingänge auf dem
Père-Lachaise

Père-Lachaise

Grabarchitektur auf
dem Père-Lachaise

Grab Jim Morrison.
Père-Lachaise

Wo der Kult am heftigsten blüht: auf der Suche nach Jim, Sidonie und Édith

Die Friedhofswärter am Haupteingang des Père-Lachaise, am Boulevard de Ménilmontant, würden sich am liebsten taub stellen, wenn sie nach James Douglas alias Jim Morrison gefragt werden. Und gibt einer wirklich mal Auskunft, dann schickt er die Fragesteller barsch mit vagen Handbewegungen die Avenue Principal hinauf, beschreibt Halbkreise, stößt unwillig »à gauche« und »à droite« hervor, murmelt etwas von »sixième division«, wendet sich abrupt ab.

Die Friedhofswärter am Haupteingang verlieren nicht nur ihren Humor, sondern auch ihre gute Laune, wenn die notorische Frage nach dem Grab von Jim Morrison, von Sidonie-Gabrielle Colette und von Édith Piaf kommt. Mit diesen Toten haben sie nicht viel im Sinn.

Und so gestaltet sich die Suche nach diesem Trio dank unfreundlich-undeutlicher Auskünfte oft zur Schnitzeljagd. Je tiefer man in das Labyrinth der gepflasterten Wege eindringt, desto aussichtsloser scheint die Suche. Man fühlt sich im Gräberwirrwarr der Totenstadt rettungslos verloren, glaubt, nie ans Ziel zu kommen, und verwünscht die Friedhofswärter.

Aber dann steht man doch auf einmal vor dem Grab der Colette, dort, wo auch schon Marlene Dietrich und Maurice Chevalier der Schriftstellerin gedacht haben. Und man wundert sich. Denn Prunk und Pracht gibt es hier nicht. Nur eine schwarze Marmorplatte mit dem Namen Colette. Und darunter ihre Lebensdaten: 1873−1954. So hatte es sich die Frau, deren Romanwerk so sehr von der Liebe beherrscht war, gewünscht, die einmal einen Freund bat, sie selbst dann noch zu besuchen, wenn »ich in den steinernen Armen des Père-Lachaise ruhen werde«. Und weil ihre Verehrer auch heute noch jedes Wort dieser in ständigem Sinnenrausch lebenden Romancière auf die Goldwaage legen, versinkt ihr Grab täglich aufs neue unter einem Blumenberg.

Sidonie-Gabrielle Colette wurde nach ihrem Tod mit einem Staatsbegrägnis geehrt. Tausende folgten ihrem mit der Trikolore geschmückten Sarg von ihrer Wohnung in der Rue de Beaujolais 9, Palais Royal, zum Friedhof. Und schon damals, im Jahr 1954, war den Wärtern am Haupteingang klar, daß dieses Grab die Zahl der täglichen Besucher würde anschwellen lassen. So ist es bis heute geblieben. An der Begräbnisstätte der Schriftstellerin, deren sinnenfrohe

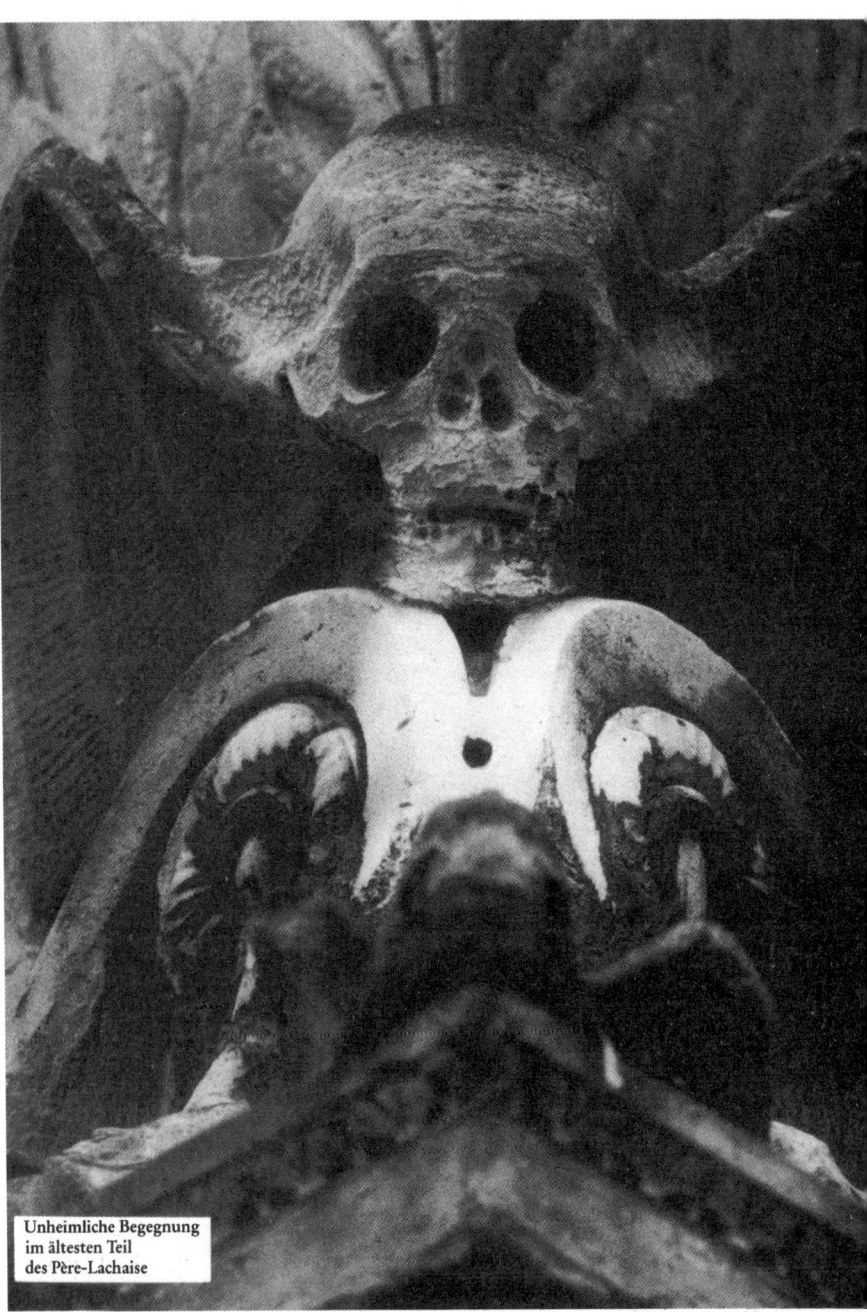

Unheimliche Begegnung
im ältesten Teil
des Père-Lachaise

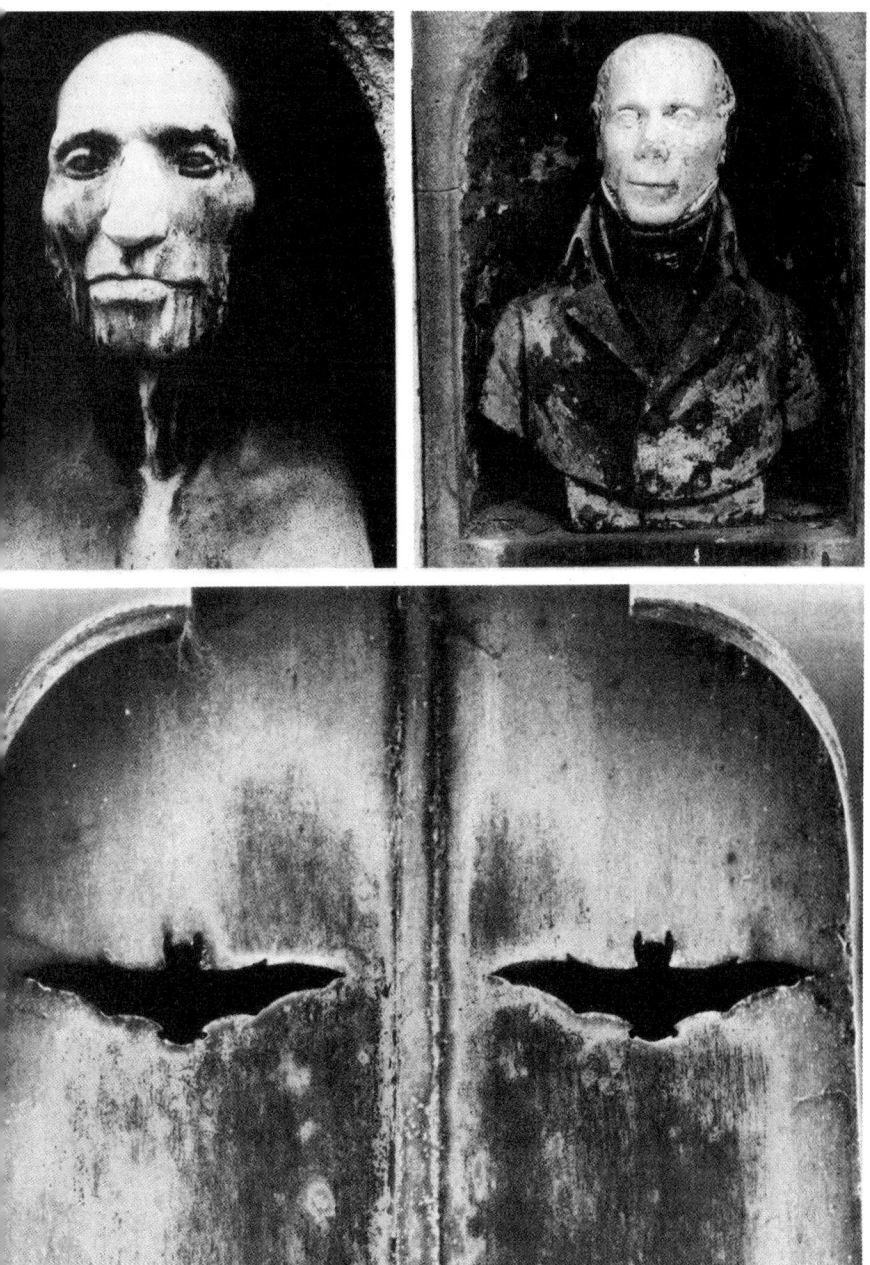

Jungmädchen-Darstellungen (»Claudine«) aus dem Schatz eigener Jugenderinnerungen schöpften, ist ein ständiges Kommen und Gehen. Diese Tote wurde nie vergessen.

Von Colette zu Jim Morrison sind es knapp 300 Meter Luftlinie. Aber diese sechste Division, in der der Leadsänger der »Doors« begraben liegt, ist ein Irrgarten, in dem es rascher dunkelt als in allen anderen Teilen der Nekropole. Besonders an herbstlichen Tagen drängt sich Unwägbares unheimlich ins Bild, drückt aufs Gemüt, provoziert Spannungen. Das könnten jene Stunden sein, in denen Tote die Grüfte verlassen und sich zum Danse macabre formieren. Die »Vis imaginativa« blüht hier machtvoll und kräftig. Da liegt das Grab des Doktors der »Physique Fantasmagorie«, Étienne-Gaspard Robertson, am Weg, eine fast schwarze Kapelle voller neogotischer Scheußlichkeiten. Eulen und Totenköpfe starren von ihren Giebeln ins Leere. Daß sich ausgerechnet in den geräumigen Grabhäuschen hinter diesem Monument die Liebespaare so gern vergnügen, erstaunt zwar, verwundert jedoch nicht. Denn welcher Besucher verläßt hier schon den Weg zum abendlichen Ausflug in ein Abseits, das auch die Unterwelt sein könnte? — Nicht mal die kleinen Nekrophilen, die Homosexuellen und Fetischisten, die Voyeure, Exhibitionisten, Nymphomaninnen und Prostituierten, die sich so gern zwischen den Gräbern herumtreiben und den Père-Lachaise als erotischen Wandel-

gang nützen, drängt es zu solchen Abstechern.

In der sechsten Abteilung liegt also Jim Morrison begraben. Wenige Meter hinter dem Grab des Doktor Robertson beginnt sein Reich. Und dort wird das Fahnden nach dem Rockidol plötzlich zum Kinderspiel. Denn das Rätsel löst sich von selbst, die Spurensuche findet ihr Ende spätestens dann, wenn auf den Gräbern die ersten Graffiti auftauchen. Mit Kreide hingekritzelt oder mit Farbe aufgepinselt, ist es nur der Name Jim. Und darunter oft ein Pfeil. Aus welcher Richtung man auch kommt — in der sechsten Abteilung führen alle Wege zu Jim.

Am 3. Juli 1971 hatte man den »Doors«-Gründer nicht ohne Grund weitab aller Prominenz in dieser abgelegenen Ecke begraben. Zwischen den Gräbern der Familien Lambier, Morin und Gilbert, Duruful und Rougrève würde er, so hoffte man, in Vergessenheit geraten. Aber die Stadt Paris, wo Morrison nach einem kurzen wilden Leben am 3. Juli 1971 unter rätselhaften Umständen — erlag er einem Herzanfall oder einer Überdosis? Hatte wieder einmal zuviel getrunken? — in einem billigen Hotelzimmer in der Badewanne gestorben war, hatte die Rechnung ohne die Fans des Rockpoeten gemacht. Sie fanden das Grab schnell, verbreiteten seine Lage durch Mundpropaganda weltweit; zum zehnten Todestag schleppten sie dann eine Gipsbüste an und signalisierten: Jim lebt.

Der Besucherstrom der Jugendinternationale ist seit dieser Ehrung permanent ansteigend. Täglich pilgern Hunderte zu Jim, lassen sich an seinem Grab, kiffend und trinkend, in tiefe Meditation fallen. Dazu ertönt nicht selten »Doors«-Musik vom Kassettenrecorder. Ein Zustand wahrhaftig zum Sterben schön.

Solch hingebungsvoller Fankult hinterläßt Spuren. Die Reinigungskolonnen haben ihre Probleme. Nicht nur, daß sie jeden Abend Dutzende von Weinflaschen und Bierdosen abtransportieren müssen, auch die Reinigung der umliegenden Gräber von den Graffiti macht Mühe. Anfangs geschah das monatlich, nun läßt man schon mal den Sommer darüber hingehen und setzt das Großreinemachen für den Herbst an. Dann werden die bemalten und bekritzelten Wände weiß übertüncht. Womit die exterritoriale Grabstätte für alle Zeiten markiert wäre.

Für viele Père-Lachaise-Besucher ist Jim Morrisons Ruhestätte nichts als ein Schandfleck. Sie sprechen von Grabschändung, wenn seine Anhänger dort mit Kreide, Kohle oder Farbe ihre Namen oder Botschaften für die Freunde hinterlassen. Am liebsten werden Zitate aus Morrison-Songs, die den Jugendlichen aus der Seele sprechen, in großen Buchstaben auf die Grabwände gemalt oder gesprayt.

»Wir werden vom Sturm getragen. In dieses Haus wurden wir geboren, in diese Welt hat man uns geboren wie einen Hund, der keine Knochen hat. Wir werden vom Sturm getragen, und

der Killer ist schon auf dem Weg.« (»Riders on the Storm«)
Und dann das Ende, ein Aufschrei: »Vater! — Ja, Sohn. — Ich will dich töten!« (»The End«)
Die »dunklen Triebe in uns selbst« (Artaud) waren für Morrison immer ein Erbe von der Vätergeneration; er hinterließ seinen Anhängern den Traum von einer neuen Welt im Zeichen des Dionysos. Wo aber öffnet sich das Tor zu diesem Paradies?

Grabschändung? — Man erkennt die Absicht und sollte nicht verstimmt sein. Viel eher betroffen über dieses Bad in Tristesse, das so viele junge Menschen an diesem Grab nehmen.

Sie sind bestimmt nicht identisch mit jenen Vandalen, die der Muse auf Chopins Begräbnisstätte immer wieder die Finger abbrechen, die den bronzenen Lorbeer Daudets beschädigen und manchem Krieger den gezückten Degen verbiegen. Sie gehören auch nicht zu jenen, die Stelen umstürzen oder Büsten stehlen, so wie die des Malers Corot. Im Oktober 1985 konnten wir diese noch fotografieren, drei Wochen später war sie verschwunden.

Auf dem Père-Lachaise wurde schon mancher Diebstahl begangen, wurden viele Gräber geschändet. Die Wärter konnten es nicht verhindern. Die Mauer um die Nekropole ist für professionelle Diebe kein Hindernis. Die Stadt Paris wird sich überlegen müssen, wie die historischen Gräber in Zukunft zu schützen sind und der Verfall des Friedhofs aufgehalten werden kann.

Grab von Jim Morrison

The End

This is the end, beautiful friend
This is the end, my only friend,
 the end
of our elaborate plans. The end,
of everything that stands, the
 end,
No safety or surprise, the end.
I'll never look into your eyes
 again.

Can you picture what will be,
So limitless and free
desperatly in need
of some stranger's hand
in a desperate land.

This is the end, beautiful friend
This is the end, my only friend
It hurts to set you free, but you'll
 never follow me,
The end of laugther and soft lies,
The end of nights we tried to die
This is the end.

Jim Morrison

Ein Mensch ist erst dann tot, wenn er auch für das Gefühl der Überlebenden gestorben ist. Solange an seinem Schicksal Interesse besteht, ist ihm Unsterblichkeit gewiß. Und so treibt es täglich viele Besucher ans Grab der pariserischsten aller Pariserinnen. Die Rede ist von Édith Giovanna Gassion, die sich als Édith Piaf Weltruhm ersang. Nur 48 Jahre alt wurde die 147 Zentimeter kleine große Frau. Auf ihrem letzten Weg zum Père-Lachaise folgten ihr 40 000 Trauernde. Die Polizei mußte den unter Blumen und Kränzen versteckten Sarg noch auf dem Friedhof vor den Bewunderern der Sängerin abschirmen: »Wie sehr wurde sie doch geliebt!« sagte Marlene Dietrich, als sie der toten Freundin eine Handvoll Erde in die Grube nachwarf. Und der Dichter Jean Genet philosophierte angesichts dieser berühmten Toten: »Die Liebe unseres Handelns ist ein schönes Begräbnis, ein feierliches Leichenbegängnis.« Die Piaf hatte es sich verdient.

Sieben Jahre nach Édiths Tod wurde ihr 21 Jahre jüngerer Mann Théo Sarapo an ihrer Seite begraben. Am schlichten Marmorgrab des Paares werden Blumen und Briefe vornehmlich von jüngeren Herren und reiferen Damen niedergelegt, die sich total mit dem »Spatz von Paris« identifizieren und für das bewegte Leben der Chansonette viel Verständnis zeigen.

Und was für ein Leben war das! Im Alter von drei Jahren war Édith, die Tochter einer Streunerin und eines Akroba-ten, erblindet und erst nach einer Wallfahrt zur heiligen Thérèse nach Lisieux wieder sehend geworden; als junges Mädchen verdiente sie sich im Provinzbordell ihrer Großmutter das Taschengeld; als 17jährige wurde sie »entdeckt«, bekam die Chance, dem berühmten Chevalier vorzusingen. Sie gefiel, bekam wenig später den Namen »Piaf« verpaßt, was im Pariser Argot soviel wie »Sperling« heißt. Daraus wurde der Spatz.

Mit dem Erfolg kam das Geld, mit dem Geld kamen die Liebhaber. Ein süßes Leben mit vielen Enttäuschungen. Die Piaf verzweifelte weder an sich noch an ihrer Umwelt. »Je ne regrette rien! — Ich bereue nichts!« bekannte sie singend immer wieder. Und als die zierliche Frau mit dem großen Herzen dann starb, trauerte ganz Frankreich. Aber sie starb nicht dort, wo sie am heftigsten geliebt wurde, in Paris, sondern im südfranzösischen Mougins. Von dort ließ Théo Sarapo die Leiche seiner Frau heimlich in die Hauptstadt bringen. »Édith muß für alle in Paris sterben — dort hat sie gelebt, geliebt und gesungen.«

So wurde ihr Tod dort am 11. Oktober bekanntgegeben, gestorben war sie schon einen Tag früher. Auf dem Grab sind nur zwei Jahreszahlen vermerkt: 1915—1963.

»Tod und Schönheit sind zwei hohe Dinge,/die gleichviel Licht und Schatten enthalten,/so daß man sie für zwei Schwestern halten könnte,/gleich schrecklich und furchtbar,/erfüllt von demselben Rätsel und demselben Geheimnis.«

Victor Hugo hat diesen Vers geschrieben. Er unterstreicht die schönen Gesten und Gebärden vieler der steinernen und bronzenen Figuren auf dem Père-Lachaise. Sie machen den Besuch im »Haus der Toten« (Apollinaire) zur perfekten Kunstillusion. Am Grab der Piaf ist davon nichts auszumachen. Brauner Marmor dominiert. Zwei Vasen mit den Initialen des Ehepaares, erstaunlicherweise immer noch vorhanden und immer mit frischen Blumen gefüllt, bringen nur einen Hauch von Exklusivität ins Bild. Der Rest und das Drumherum sind moderne Sachlichkeit, die ohnehin in diesem Teil des Friedhofs dominiert und hinüberleitet ins 20. Jahrhundert mit seiner Sprachlosigkeit angesichts des Todes. Nostalgie und Tristesse muß der Besucher selbst mitbringen, die Gräber vermitteln solche Empfindungen nicht.

Weder an der Grabstätte Paul Éluards und Gertrude Steins noch an der des exzentrischen Malers Amedeo Modigliani und seiner Freundin Jeanne Hébuterne läßt sich die Tragik des Lebens ablesen. Wer weiß da schon, daß der Künstler nach einem Hungerdasein an Suff und Rauschgift starb und die Geliebte sich nach seinem Ende verzweifelt aus dem Fenster stürzte?

Morrison, Colette und Piaf — sie kennt jeder. Der Maler jedoch, dessen großäugige Porträts und schmale afrikanische Akte heute mit Millionen gehandelt werden, gehört zu den Vergessenen. Niemand fragt nach seinem Grab.

Marcel Proust oder die Sensibilität des Todes

Der Engel auf dem Grab, die Büste des Verstorbenen oder das Medaillon mit seinem Porträt sind im 20. Jahrhundert nicht mehr gefragt. Sogar die großen Familien bevorzugen Schmucklosigkeit. Nur die Natur dulden sie noch, die darf den teuren Toten mit ihrem grünen Mantel bedecken.

Diesem neuen Ideal trägt die Grabstätte Prousts mit der kargen Inschrift Rechnung: »Marcel Proust — 1871 bis 1922«.

»Auf der Suche nach der verlorenen Zeit« endete dieser Schriftsteller unter einer schwarzen Marmorplatte. Das Begräbnis jedoch, das die Pariser High-Society ihrem sensiblen Hofberichterstatter ausrichtete, konnte sich noch sehen lassen: Die Greffulhe und Chévigné, die Castellane und Caillavet, die de Noailles und Straus folgten dem Sarg. Und natürlich auch die speziellen Freunde André Gide, Jean Cocteau und der junge Raymond Radiguet. Er starb nur wenige Monate später, erst zwanzig Jahre alt, und wurde in einer idyllischen Ecke des Père-Lachaise begraben.

In Marcel Proust, diesem Stammgast der Belle-Époque-Salons, jedoch hatte die feine Gesellschaft ihr begabtes Sprachrohr. Den Geschmack der berühmten Madeleine-Küchlein wie den Duft blühender Weißdornhecken konnte er in den feinsten Nuancierungen wiedergeben. Ganz zu schweigen von den tiefenpsychologischen Charakterisierungen seiner Figuren, deren Vorbilder nun sogar in seiner Nachbarschaft zur letzten Ruhe gebettet wurden, wie der Freund Charles Haas, der von sich behaupten konnte: »Ich bin der einzige Jude, der es geschafft hat, von der Pariser Gesellschaft anerkannt zu werden, ohne reich zu sein.«

Nicht zuletzt dank Proust, der ihn als Vorbild für seinen Charles Swann zur Berühmtheit machte. So, wie er auch dem von ihm verehrten Lyriker Comte de Montesquiou-Fezensac und der Gräfin Adhéaume de Chévigné den literarischen Ritterschlag erteilte, indem er sie zu Baron de Charlus und der Herzogin von Guermantes umformte.

Als Marcel Proust für immer ging, »nahm er die Enttäuschungen des Lebens gleichsam mit sich fort«. Er starb mit Würde und Haltung. So wie die Großmutter seines Helden Swann: »Auf dieses letzte Lager hatte der Tod sie wie ein Bildhauer des Mittelalters mit den Zügen eines jungen Mädchens hingestreckt, das sie einst gewesen war.«

Auch der aufgebahrte Proust ließ die Freunde schwärmen: »Er lag, schon von der Starrheit des Todes erfaßt, die Arme auf dem weißen Leinentuch ausgestreckt, das den Körper bis zur Mitte bedeckte.

Man hatte ihn zu diesem letzten feierlichen Empfang festlich gekleidet: vorschriftsmäßig schwarzer Frack mit glänzenden Seidenrevers, steifer Kragen, gestärkte Hemdbrust, Krawatte, blaßlila Handschuhe, alles von untadeliger Korrektheit. Das Rasiermesser war offensichtlich ein letztesmal über die leblosen Wangen gefahren. Vor dem hellen Hintergrund des Bettzeugs hob sich das tiefe Schwarz des dichten Haars, des buschigen Schnurrbarts, der kräftigen Augenbrauen, die sich wie ein breiter Tuschstrich über der Adlernase vereinigten, von dem Porzellanweiß der gestärkten Wäsche und dem wachsbleichen Antlitz ab.

Das Bett verschwand unter dem Haufen von frischen Schnittblumen, und das ganze Zimmer war so dicht mit prunkvollen Sträußen und Kränzen gefüllt, daß man Mühe hatte, Platz für seine Füße zu finden.« (Nadar)

Der Tod verlieh Proust eine heilige Autorität.

Marcel Proust und die Sensibilität des Augenblicks — nichts davon strahlt das Grab aus. Nicht einmal Sehnsuchtsvolles ist da zu lesen.

Solchen Erwartungen kommt immerhin Guillaume Apollinaire entgegen. »... manchesmal hab ich es abgewogen, selbst das unwägbare Leben. Lächelnd kann ich sterben«, steht da auf dem Naturstein über seinem Grab geschrieben. Und in Schönschrift noch seufzend hinzu: »Mein Herz ist wie eine erlöschende Flamme.« Voilà! 38 Jahre alt wurde dieser Feingeist, auf den sich so gern und oft Dadaisten und Surrealisten beriefen. 49 Jahre später setzte man seine Frau Jacqueline an seiner Seite bei.

Wer zählt die Namen auf dem Père-Lachaise, die Geschichte machten und Geschichten schrieben. Wie viele Maler und Bildhauer, Musiker und Schauspieler, Ärzte und Wissenschaftler, Politiker und Militärs wurden hier — mal schlicht, meistens pompös — begraben. Das Who is Who dieser Nekropole ist eine unerschöpfliche Lektüre.

AUF DEM
FRIEDHOF VON
MONTMARTRE

Heinrich Heine — auch achtzehn deutsche Schuster haben ihn begleitet

Der deutsche Dichter starb am 17. Februar 1856 bei vollem Bewußtsein morgens um fünf Uhr. Ein paar Tage später begrub man ihn auf dem Friedhof von Montmartre. So hatte er es am 13. November 1851 in seinem Testament verfügt: »Sterbe ich in Paris, so will ich auf dem Friedhof des Montmartre begraben werden, auf keinem anderen, denn unter der Bevölkerung des Faubourg Montmartre habe ich mein liebstes Leben gelebt.«

Fast 35 Jahre war Heinrich Heine, der deutsche Dichter, in der Seinemetropole ansässig gewesen. In den letzten acht jedoch »lag ich ruhig meinem Grab entgegen«, so berichtete er kurz vor seinem Tod einem Freund nach Deutschland. Ein langes Sterben.

Auf seinem letzten Gang zum Cimetière Montmartre begleiteten ihn etwa einhundert trauernde Freunde. 28 Jahre später erinnert sich Flaubert an dieses Leichenbegängnis nicht ohne Zorn auf die Pariser: »O Publikum! O Lumpenpack! Ihr Elenden! Man hat den Sarg auf Schultern zum Friedhof getragen. Der Weg dauerte länger als eine Stunde. Hinter ihm gehend, sah ich den Sarg schwanken wie eine schlingernde Barke. Der Gottesdienst [Heine hatte sich, obwohl lutherisch-protestantischen Glaubens, seiner Frau zuliebe eine römisch-katholische Zeremonie gewünscht, H.-E. L.] war von grauenhafter Länge. Die Erde auf dem Friedhof war fett. Ich habe mich dem Rand genähert und zugesehen, wie eine Schaufel Erde nach der anderen hinunterfiel. Es schien mir, als wären es hunderttausend.«

An Trauernden zählte Flaubert in seinem Schmerz nur »neun Personen«; hingegen will der Heine-Freund Théophile Gautier auch noch »18 deutsche Schuster« gesehen haben. Möglich wär's gewesen. Nach der Julirevolution von 1830 hatte es rund 60 000 Deutsche nach Paris getrieben. 34 000 davon waren — nach einer Zählung der Handwerkskammer — Schuster, Schneider und Schreiber.

Damals, 1856, krönte der edle Marmorkopf, geschaffen vom dänischen Bildhauer Louis Hasselriis, nicht das Grab des Dichters. Und auch das Gedicht »Wo wird einst des Wandermüden letzte Ruhestätte sein . . .« war noch nicht in den weißen Marmor gemeißelt. Das geschah erst Jahre später, nachdem Wilhelm II. die Villa »Achilleion« der österreichischen Kaiserin Sissi auf Korfu erstanden hatte und mit dem Heine-Denkmal, das sich dort im Park befand, nichts anzufangen wußte. Er ließ es nach Paris transportieren, wo es von der kleinen Heine-Gemeinde auf dem Cimetière Montmartre am Grab des Dichters aufgestellt wurde. An seiner Seite ruhte inzwischen auch »Frau Heine«, jene ungeliebte Créscence Eugenie Mirat, die 15 Jahre lang mit dem deutschen Dichter eine Ehe »moralisch wie in Krähenwinkel« geführt hatte. In ihrer frühen Jugend aus dem Dorf Vinot im Departement Seine-Marne nach Paris verschlagen, hatte die uneheliche Tochter einer Bäuerin in der Metropole das lockere Leben einer leichtlebigen Grisette geführt. Heine muß sie wohl um 1834 herum auf einer seiner abendlichen Promenaden gesehen und angesprochen haben. Sie war ehrlich und direkt gewesen, das hatte ihm gefallen. So richtete er sich mit Créscence Eugenie in einer Art Wohngemeinschaft ein, nannte sie »Mathilde« und heiratete die Provinzlerin 1841 amtlich und kirchlich. Die junge Frau aus Vinot entsprach wahrhaftig nicht dem Heineschen Idealbild von jener Madonna, die ihn in seinen poetisch-erotischen Phantasien begleitete. Schlampig, selbstsüchtig und sehr naiv, erregte Mathilde oft seinen Zorn. Und selbst in jener vielbeschriebenen Matratzengruft in der Avenue Matignon 3, Ecke Champs-Élysées, ließ sich der Dichter lieber von der Hausangestellten, einer kräftigen Mulattin, pflegen als von seiner Frau. Diese streunte statt dessen lieber auf Einkaufstouren durch Paris.

Heine konnte ja zahlen. Er war keineswegs, wie man ihm nachsagt, ein armer Poet. Wenn Freunde wie der Komponist Berlioz, der Politiker Marx und der Dichterfreund de Nerval kamen, die den Kranken täglich besuchten und über die Tagesereignisse unterrichteten, ließ er edle Bordeaux-Weine und ausländische Leckereien servieren. Die handfest-runde Mathilde war dann »abgemeldet«. Von der Bedeutung des Mannes an ihrer Seite hatte sie keine Ahnung. Nach seinem Tod erklärte sie einmal: »Ich habe nie gewußt, welch ein bedeutender Dichter mein Mann wirklich war.«
Er war es in der Tat. Heine wurde in Deutschland und Frankreich gedruckt. Am 19. Mai 1831 war er in Paris als Korrespondent der Augsburger »Allgemeinen Zeitung« angekommen und hatte schnell Zugang zu den feinsten literarischen Kreisen gefunden. George Sand und Théophile Gautier, Alfred de Musset und Alfred de Vigny, Eugène Sue und Victor Hugo suchten seine Nähe. »Ich verkehre«, konnte Heine seinem deutschen Verleger berichten, »amicalement mit den größten Helden.« Damals lebte die Stadt im Kulturrausch. Heine begegnete »an jeder Straßenecke . . . einer neuen Religion«. Man wollte in diesem Jahrhundert wieder an etwas glauben. Selbst aufrichtig an überhaupt nichts zu glauben galt als eine neue Form der Gläubigkeit. Man fühlte sich wie in einem Mahlstrom. Die Julirevolution zwang 1830, wenige Wochen nach Heines Ankunft, König Karl X. zur

Abdankung; der Bürgerkönig Louis Philippe bestieg den Thron und läutete das Goldene Zeitalter der Bourgeoisie ein. Er wurde 1848 gestürzt; Prinz Karl Ludwig Napoleon durfte sich zum Präsidenten der zweiten Republik wählen lassen, vier Jahre später wurde er erblicher Kaiser Frankreichs.

Heine durchlebte diese Jahre mit Begeisterung. Die Wandlung der Republikaner zu Sozialisten und später zu Anarchisten kommentierte er mit ironischer Bissigkeit. Zu seinem Entzücken brodelte es in Paris. Von seiner Ankunft bis zu seinem Tod erhöhte sich die Einwohnerzahl der Hauptstadt von 800 000 auf 1 175 000 Menschen.

Aber dieses Zentrum der Kultur hatte auch seine Grenzen. Jenseits des Arc de Triomphe endete das staubige Straßenpflaster vor einem Schlagbaum an der Stadtmauer. Die Avenue Montaigne hieß noch Allée des Veuves und war auf beiden Seiten von Gemüsegärten eingefaßt. Gemüse wuchs auch auf dem Place de la Concorde. Es roch noch immer penetrant in der Hauptstadt der Künste. Zwar rollten schon von Pferden gezogene Omnibusse durch die Straßen, aber die Kanalisation lag im argen. Kein Wunder, daß Paris 1832 erneut von einer Choleraepidemie heimgesucht wurde, über die Heine nach Deutschland berichtete.

»Bei der kolossalen Unsauberkeit, die nicht bloß bei den ärmeren Klassen zu finden ist, mußte die Cholera hier rascher und furchtbarer als anderswo um sich greifen. Die Nähe eines Kirchhofs, wo die Leichenzüge zusammentrafen, gewährte erst recht den trostlosesten Anblick. Als ich einen guten Bekannten besuchen wollte und eben zur rechten Zeit kam, wo man seine Leiche auflud, erfaßte mich die trübe Grille, eine Ehre, die er mir mal erwiesen, zu erwidern, und ich nahm eine Kutsche und begleitete ihn nach Père-La-Chaise. [Damals fast ein Tagesausflug, H.-E. L.] Hier nun, in der Nähe dieses Kirchhofs, hielt plötzlich mein Kutscher still, und als ich, aus meinen Träumen erwachend, mich umsah, erblickte ich nichts als Himmel und Särge. Ich war unter einige hundert Leichenwagen geraten, die vor dem engen Kirchhofstore gleichsam Queue machten, und in dieser schwarzen Umgebung, unfähig mich herauszuziehen, mußte ich einige Stunden ausdauern ... Und wie nun gar an dem Kirchhofstore ein Kutscher dem anderen vorauseilen wollte, und der Zug in Unordnung geriet, die Gendarmen mit blanken Säbeln dazwischen fuhren, hie und da ein Schreien und Fluchen entstand, einige Wagen umstürzten, die Särge auseinander fielen, die Leichen hervorkamen ... Ich will hier nicht erzählen, was ich auf dem Père-La-Chaise gesehen habe. Genug, gefesteter Mann wie ich bin, konnte ich mich doch des tiefsten Grauens nicht erwehren ... das Begrabenwerden, unter die Choleraleichen, in die Kalkgräber, das kann man nicht lernen ...«

Über derartige Zustände sahen die feinen Leute von Paris damals hinweg. Sie fanden sich zur Teestunde in den Cafés de la mode ein — im Tortini, im Procope —, ließen sich im Theater von Monsieur Scribes Stücken (»Ein Glas Wasser«) begeistern, jubelten La Diva in Rossini-Opern im Theater an der Rue Pelletier zu und riefen schon anderntags deren Konkurrentin Taglioni zum Superstar aus.

Heine nimmt an diesem Leben starken Anteil. Er hört Liszt konzertieren, berichtet nach Deutschland über Uraufführungen von Auber- und Meyerbeer-Opern, läßt sich von David d'Angers auf einem Medaillon in Bronze porträtieren, besucht den Louvre und die Salons. Und realisiert unermüdlich das, was ihm als Konzept der Völkerverständigung vorschwebt: Drei Bücher schreibt er den Franzosen über Deutschland (»Die romantische Schule«, »Zur Geschichte der Religion und Philosophie« und »Elementargeister«), in drei anderen Werken klärt er seine Landsleute über den Nachbarn auf (»Französische Maler«, »Französische Zustände«, »Über die französische Bühne«). »Ich bin der inkarnierte Kosmopolitismus!« berichtet er in Briefen an die Freunde und saugt Paris wie ein Rauschgift ein.

Aber diesem Kosmopolitismus werden Grenzen gesteckt: Heine, ein Vorbild der Autorengruppe »Junges Deutschland« (u. a. Börne, Gutzkow, Laube, Mundt), die von den Behörden in Berlin als Mörderbund deklariert wird, ist in Preußen auf einmal zur Unperson geworden: Zuerst werden die »Reisebilder« konfisziert, dann alle anderen

Schriften. Als »ausgesprochen jüdischer Typus ... als verworfenes Subjekt, dessen verseuchter Körper Erschöpfung zeigt«, wird der Dichter auf polizeilichen Steckbriefen beschrieben. Und auch in der Seinemetropole bekommt er Widerstand zu spüren, von dem ehemals mit ihm befreundeten Journalisten und Kritiker Ludwig Börne, der ihm zwar Talent, aber keinen Charakter zubilligt. Als Fürsprecher der politischen Flüchtlinge in Paris hatte der überzeugte Republikaner Heine aufgefordert, ein politisches Journal mitzubegründen und darin einer deutschen Revolution das Wort zu reden. Heine lehnt ab. Tagespolitik liegt ihm, einem »freischwebenden« Künstler, wenig am Herzen. Börne reagiert mit Beschimpfungen, bezeichnet den Dichter als weibstoll, bestechlich und »ausgefasert wie einen alten Unterrock«.

Den toten Börne begleiten am 18. Februar 1837 3000 Menschen zum Père-Lachaise. Heine war nicht dabei. Aber er sollte das letzte Wort haben. Zu einer Börne-Gedenkschrift überredet, bestätigt er dem Landsmann darin zwar Brillanz und Eleganz als Journalist. Zum Dichter jedoch habe es nie gereicht. Charakter ja, Talent keines.

In den Jahren 1848/49 ist Heine nicht mehr gesund. Die Arbeit fällt ihm schwer. Nach jahrelangen migräneartigen Kopfschmerzen und immer wieder auftretender Augenschwäche, nach Depressionen und zeitweisen Lähmungen kann er seine Matratzengruft kaum

Grab von Heinrich Heine

Auf dem Friedhof am Montmartre

Auf dem Friedhof am Montmartre
Weint sich aus der Winterhimmel
Und ich spring' mit dünnen
 Schuhen
Über Pfützen, darin schwimmen
Kippen, die sich langsam öffnen
Kötel von Pariser Hunden
Und so hatt' ich nasse Füße
Als ich Heines Grab gefunden.

Unter weißem Marmor frieren
Im Exil seine Gebeine
Mit ihm liegt da Frau Mathilde
Und so friert er nicht alleine.
Doch sie heißt nicht mehr
 Mathilde
Eingemeißelt in dem Steine
Steht da groß sein großer Name
Und darunter bloß: Frau Heine.

Und im Kriege, als die Deutschen
An das Hakenkreuz die Seine-
Stadt genagelt hatten, störte
Sie der Name Henri Heine!
Und ich weiß nicht wie,
 ich weiß nur
Das: er wurde weggemacht
Und wurd wieder angeschrieben
Von Franzosen manche Nacht.

Auf dem Friedhof von Montmartre
Weint sich aus der Winterhimmel
Und ich sprang mit dünnen
 Schuhen
Über Pfützen, darin schwimmen
Kippen, die sich langsam öffnen
Kötel von Pariser Hunden
Und ich hatte nasse Füße
Als ich Heines Grab gefunden.

Wolf Biermann

noch verlassen. Morphium und Opium für jährlich 500 Francs werden ihm oral und durch eine künstliche Öffnung im Nacken zugeführt. Dazu kommen Sturzbäder, Aderlasse und Blutegel-Kuren. Die besten Ärzte untersuchen den Deutschen — eine genaue Diagnose jedoch können sie ebensowenig stellen wie heutige Mediziner im nachhinein, die noch entschiedener als ihre damaligen Kollegen die meistens angeführte These von der Syphilis bestreiten. Gewiß, Heine hatte sich nach Abenden in den Salons oft in die billigsten Bistros begeben, um dort mit den Grisetten einen Schlußpunkt unter den Tag zu setzen. Und auch zuvor in Deutschland war er kein Kind von Traurigkeit gewesen. Ob diese freudvollen Unternehmungen jedoch letztlich ausschlaggebend für seine Erkrankung und den Tod gewesen sind, sei dahingestellt. Erst während seines langen Siechtums auf dem halben Dutzend übereinandergestapelter Matratzen gelingt es Heine, seiner Lyrik jenen poetischen Hautgout zu geben, der das Ungewisse und Unbekannte, jenes »je ne sais quoi«-Gefühl, so reizvoll-unterschwellig ausstrahlte. Suggestive Sehnsucht und sinnliche Spiritualität durchwehen vor allem jene Verse, in denen Kobolde und Riesen, Elfen, Nixen und Nornen durch einen Sommernachtstraum geistern, in dem schwarz-romantische Überfiguren wir Atta Troll das Zepter schwingen. Diese Kreatur und auch sein »Herodias« inspirieren Maler wie Jean Lorrain und Schriftsteller wie Wilde und Banville, auf der Skala nekrophiler Gefühlsposen zu spielen und in den Katakomben der Romantik heimisch zu werden.

Heine durchlebt die Literatur, die er in jenen letzten Jahren schreibt, wie romantische Epidemien. Der Tod bedeutet für ihn das Tor zum Weiterleben in einem Jenseits, das das Leben als unwichtig abwertet.

Heinrich Heines Grab ist das am häufigsten gesuchte und besuchte auf dem an Berühmtheiten nicht armen Friedhof von Montmartre. In der Nachbarschaft des deutschen Dichters liegen Stendhal und Berlioz, Gautier und de Vigny, Degas und Feydeau, Madame Récamier, Dumas fils, Delibes und Offenbach, die Brüder Goncourt, der Scharfrichter Sanson, der Schauspieler Jouvet und der Filmregisseur Truffaut. Auch Isidore Ducasse, der als Comte de Lautréamont durch seine »Gesänge des Maldoror« literarische Berühmtheit erlangte, ist im Jahr 1870 irgendwo auf diesem Friedhof begraben worden. Allerdings in einem Massengrab für Heimatlose, das nach einiger Zeit wieder eingeebnet wurde.

Alphonsine Plessis: Lieben und Sterben der Demimondänen

»Als die Todgeweihte im Salon erschien, erhob sich ein einziger Ruf der Bewunderung. Esthers Augen spiegelten die Unendlichkeit wider, in der die Seele sich im Augenblick verlor. Ihr feines blauschwarzes Haar brachte die Kamelienblüten zur Geltung. Sie erschienen wie die Verkörperung des maßlosen Luxus, der sie mit seinen Schöpfungen umgab.«

Diese Grande Dame der Liebe hat, so will es Honoré de Balzac in seinem Roman »Glanz und Elend der Kurtisanen«, nicht mehr lange zu leben. Am Montag, dem 13. Mai 1830, teilt sie ihrem Geliebten Lucien de Rubempré, einem jungen Dichter, mit: »Um elf Uhr werde ich gestorben sein, und ich sterbe ohne Schmerzen. Ich habe fünfzigtausend Franken für eine hübsche schwarze Johannisbeere gegeben, die ein Gift enthält, das blitzschnell tötet. Mein Schatz, so kannst du dir sagen: meine kleine Esther hat nicht gelitten... Siehst du, ich möchte als Tote

schön sein. Ich werde mich niederlegen... und dann werde ich die Beere am Gaumen zerdrücken und nicht durch Krämpfe oder eine lächerliche Haltung entstellt sein.«

Esther stirbt. Die Lieblingsidee eines romantischen Lebens erfüllt sich: Der Tod entlockt ihr, wie in einem Lehrbuch der Liebe beschrieben, noch ein Lächeln. Ein paar Tage später folgt ihr der junge Poet, nicht ohne ein Testament zu hinterlassen, in dem er einen Freund bittet, »... einen Betrag von 40 000 Franken für ein Denkmal anzulegen, das Fräulein Esther auf dem Ostfriedhof [Père-Lachaise, H.-E. L.] errichtet werden soll...«. Und er möchte neben ihr liegen: »Die Gruft soll viereckig wie in früheren Zeiten angelegt werden. Unsere beiden Grabmäler aus weißem Marmor sollen auf dem Deckel ruhen, die Häupter auf Kissen, die Hände zum Himmel gefaltet. Die Grabstätte soll keine Inschrift tragen.«

Die Schönheit der Toten soll fassungslos machen. Und wird in jenen Tagen oft beschrieben.

»Gestern haben wir ihn in einen Sarg gelegt und mitten im Zimmer aufgebahrt. Wir haben ihn mit Blumen bedeckt. Das Zimmer duftete.«

So geschah es wohl auch mit dem jungen Rubempré und mit seiner Geliebten Esther. Erst auf dem Friedhof kamen sie dann zusammen und fanden zur letzten gemeinsamen ewigen Ruhe für 90 000 Francs.

War das Lieben und Sterben einer Demimondänen im 19. Jahrhundert wirk-

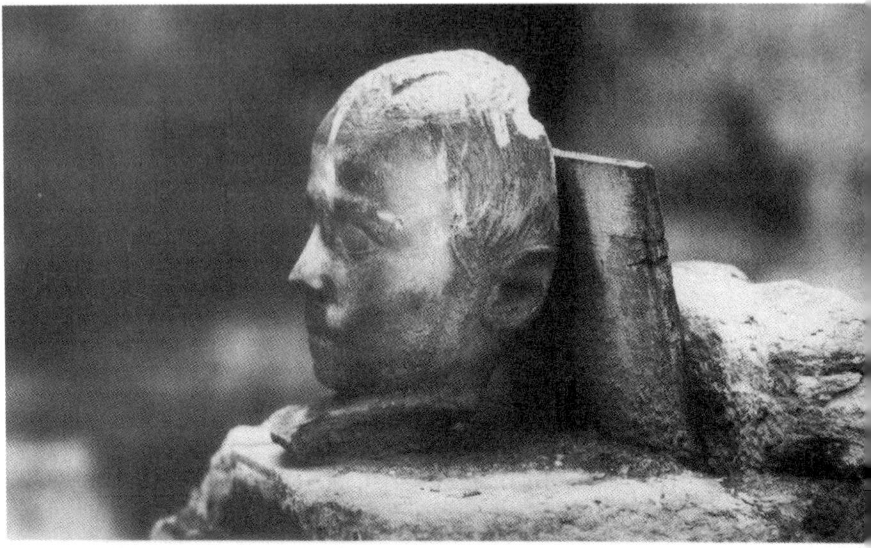

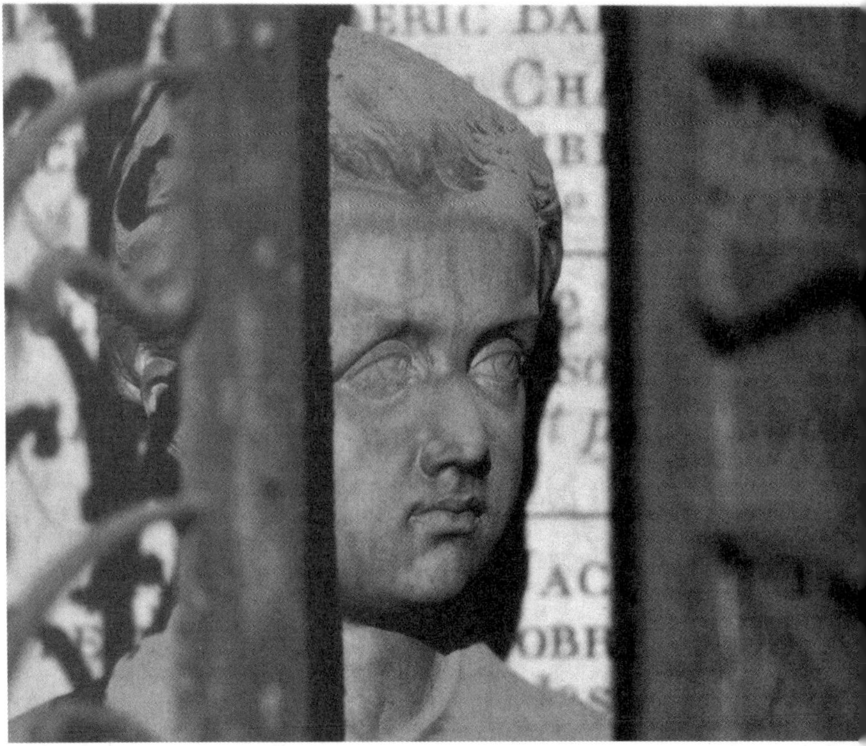

lich von süßer Todesromantik verklärt? Entschlief sie schmerzfrei, lächelnd, von schönen Genien umringt, mitten in ihrem obskurantischen Kitsch mit blaß geschminkten Wangen auf einer Ottomane? Hinterließ sie mit sehnsuchtsvollen Seufzern des Weltschmerzes jenen Abschiedsbrief mit den Worten: »Ich habe Lust zu sterben, weil ich Lust habe, Dich zu sehen, mein Gott«?

Gustave Flaubert hat in seinem Roman »Madame Bovary« das Lügengewebe vom schönen Sterben gründlich zerstört, als er den Tod seiner Heldin so brutal und schonungslos darstellte wie keiner seiner Zeitgenossen.

»Emma stieß einen schrillen Schrei aus. Sie wurde bleicher als das Bettuch, in das ihre Finger sich krampfhaft einkrallten. Kalte Schweißtropfen rannen über ihr bläulich erstarrtes Gesicht ... die Zähne schlugen ihr gegeneinander, ihre erweiterten Augen irrten ausdruckslos umher ... ihre Gliedmaßen krümmten sich, ihr Körper war bedeckt mit braunen Flecken, und ihr Puls fühlte sich an wie ein straff gepannter Faden. Die Zunge trat ganz aus dem Mund, ihre Augen rollten in den Höhlen und erbleichten wie zwei erlöschende Lampenglocken ...«

Ein Todeskampf à la mode war das nicht. Das war einer im erbarmungslos grellen Licht der Intensivstation. Protokolliert von einem, der kein Mitleid mehr mit seiner Schöpfung hatte. Aber diese Ehrlichkeit eckte an, der Staatsanwalt erhob Anklage. Wegen Verletzung der öffentlichen Moral, der Religion

und der Sittlichkeit wurde Flaubert der Prozeß gemacht.

Dabei hatte sich das, was er beschrieb, in der Realität nicht viel anders abgespielt. Delphine Couturier, ein einfaches normannisches Bauernkind, hatte einen kleinen Landarzt geheiratet; dem war die Pflicht wichtiger als die sich daheim langweilende Ehefrau, die sich prompt in den feinen Gutsherrn verliebte, danach in den Schreiber eines Anwaltsbüros, schließlich in einen Wucherer. Dann vergiftete sie sich. So war der Fall im Lokalteil einer Zeitung von Rouen beschrieben worden.

Mehr Glück als Delphine Couturier alias Madame Bovary hatte das einfältige Provinzmädchen Marie Duplessis aus Noant, eine rechte Unschuld vom Lande. Vom schillernden Glanz der Hauptstadt Paris angezogen, verwandelte sie sich im Dunstkreis des vornehmen Faubourg in einen majestätischen Schwan namens Alphonsine Plessis. Im Flair der Demimonde, jener Welt, in der die Grenzen so angenehm verschwammen, war sie zur »lionne«, zur Löwin, geworden, der nicht nur die Aristokraten und Spitzen der Bourgeoisie, sondern auch Feingeister wie Alfred de Vigny und Alfred de Musset zu Füßen lagen. Der poetische Geschmack des jungen Geschöpfs, dessen romantische Alraune die Kamelie wurde, entzückte sie. An 25 Tagen des Monats trug Alphonsine eine weiße und signalisierte: »Ich bin bereit.« An fünf Tagen verbot eine rote Blume am Busen den Umgang mit ihr. Dann mied sie wie Prousts Vorstadtschönheit Odette de Crézy die Verehrer, ließ den mit Nippes und schönem Ramsch ausgestatteten Salon verwaisen, zog sich in die Dunkelheit ihres parfümierten Schlafzimmers zurück.

Was mancher auf Geld und Stil erpichten Provinzlerin in Paris nie gelang, das schaffte die kleine Marie Duplessis in wenigen Monaten: Als leichtlebige Pariserin Alphonsine Plessis wurde sie zur legitimen Nachfolgerin einer Madame Récamier. Für ihre »Kunden« spielte sie die »Verirrte aus kaiserlichem Adel« ebenso perfekt wie die »überspannte Literatin«.

Das Parlieren fiel den großen Kurtisanen des 19. Jahrhunderts wahrhaftig nicht schwer. Das Gespräch mit den Galanen war ihnen eine schöne Pflicht. Berühmtheiten wie Madame Visconti und Otéro, Virginie Dejazet, Esther Guimond oder Liane de Pougy, Cora Pearl oder Paiva beherrschten das Einmaleins des guten Tons aus dem Effeff. Natürlich lief alles nur auf das eine hinaus, aber Charme und Begeisterung überzuckerten den Weg dorthin.

». . . neben diesen lieblichen Hexen, diesen Liebchen, die Tränen und Blut vergießen ließen, diesen Marquisen der Clubzimmer, alle verbunden durch einen angeborenen Sinn für Größe, eine natürliche Vornehmheit und einen Geist, der den Exhibitionismus benutzte, wenn er sich nicht durch Unterhaltung offenbaren konnte, neben den Göttinnen der Galanterie, und galant vor allem, weil sie Pariserinnen waren, sind da noch andere, die klüger, zurückhaltender und reiner sind«, schreibt Léon-Paul Fargue in seinem Buch »Le Piéton de Paris«. Diese anderen, das sind eben die, »die den Romanen von Hervieu, von Hernant und Bourget entschlüpft [sind], den Novellen von Maupassant . . . Und ihre Eigenart war es, berühmt zu sein.«

Alphonsine Plessis gehört zweifellos zu dieser Spezies. Die Außenseiterin der Gesellschaft hatte als »Kameliendame« die Brücke zwischen den zwei Zeitaltern nur zur Hälfte überqueren dürfen, bevor sie abstürzte. Ihr großer Traum, sich als Freudenmädchen in einen Engel der Liebe zu verwandeln und »die sich ins Unendliche verbreitende Zärtlichkeit höher zu stellen als die Pflicht, die sich so vernichten möchte, daß kein Platz mehr für den Kuß bleibt«, erfüllte sich nicht. Am 5. Februar 1847 haucht sie nach einem langen Schwindsuchtleiden ihr Leben aus.

»Unschuld durch Liebe« gewann sie jedoch als Kunstfigur. Alexandre Dumas fils, der einst ihr Liebhaber war, läßt sie 1848 in seinem Roman »Die Kameliendame« als Marguerite Gautier in der glücklichen Gewißheit sterben, die »Unschuld durch Liebe« in jenem Lebensbereich zurückgewonnen zu haben, in dem sonst »die Halbwelt beginnt, wo die legale Gattin aufhört. Und endet, wo die legale Gattin beginnt.«

Vier Jahre später schiebt Dumas fils dem Roman einen tränenreichen Nachruf für die Bühne nach. Sarah Bern-

EMILE ZOLA

Grab von Théophile Gautier

Grab der »Kameliendame«
Alphonsine Plessis

hardt spielt Marguerite Gautier, später die Duse und im Film, mit über dreißig Leinwand-Nachfolgerinnen in dieser Rolle, die Garbo.

Natürlich wird Alphonsine Plessis auch musikalisch gewürdigt. Guiseppe Verdi setzt ihr, weitgehend vom Geist der literarischen Vorlagen inspiriert, in der Oper »La Traviata« ein Denkmal. Auf der Opernbühne endet die große Kokotte Violetta Valéry Blut spuckend in den Armen ihres Liebhabers.

Marie Duplessis alias Alphonsine Plessis alias Delphine Couturier alias Violetta Valéry — wie die Jungfrau von Orléans für Frankreich ein Symbol der Gläubigkeit und die Marianne eines der Tugend wurden, so wurde sie zum Sinnbild romantischer Leichtlebigkeit. Ihre ewige Ruhe fand sie auf dem Friedhof von Montmartre. Nur wenige Meter von ihrem Sarkophag entfernt, von Saint-Marceaux erhaben in Marmor nachgebildet und unter einem steiner-

nen Baldachin gebettet, liegt ihr großer Verehrer Alexandre Dumas fils. Daß er alle Kraft daransetzte, das Leben seiner kurzfristigen Freundin — er hatte sie im Herbst 1844 in einer Loge des »Théâtre des Variétés« kennengelernt, und die Liaison dauerte bis zum 30. August 1845 — so empfindsam nachzugestalten, geschah nicht zuletzt aus Opposition zum berühmten Vater. Der hatte mit schaurigen Abenteuerromanen (»Der Graf von Monte Christo«, »Der Mann mit der Maske«) ein Vermögen verdient und verschwendet; der Sohn strebte literarisch höhere Ziele an. In seinen Büchern und Bühnenstücken wollte er die gesellschaftlichen Fassaden des zweiten Kaiserreichs durchsichtig machen und das Leben dahinter in seiner puritanischen Verlogenheit enthüllen. Aber die guten Absichten verdunsteten ihm in Spießbürgerlichkeiten. Und über die konnte nicht einmal die Kameliendame triumphieren.

AUF DEM FRIEDHOF VON MONTPARNASSE

Katzen, Patrioten, Literaten

Er ist *der* Friedhof gutbürgerlicher Wohlanständigkeit in Paris. Auf dem Cimetière Montparnasse endeten viele Spießerleben unter prunkvoll-teurem Marmor. Denn nur wer im Wohlstand lebte, darf hier angenehm und gut beschützt ruhen.

Gepflegte Wege durchqueren schnurgerade seine dreißig Divisionen, die wiederum von zwei Dutzend Wärtern im Schichtdienst bewacht werden. In ihren Wachtkammern an den Eingängen Boulevard Edgar Quinet, Rue Froidevaux und Rue Émile-Richard geht's bei Baguette und Rotwein oft sehr gemütlich zu. Zum Plausch schauen die Gärtner und die Totengräber gelegentlich herein, allesamt in Familienbetrieben tätig, die sich von den Vätern auf die Söhne vererben. Tradition wird auf dem Cimetière Montparnasse in Ehren gehalten.

Und so ist hier auch die Welt der Toten in Ordnung. Die Gräber sind gepflegt. Rund um den alten Teil am Carrefour du Rond Point renoviert man ständig alte Grüfte, wäscht Kapellen ab, setzt Plastiken um, legt neue Wege an. Der Baumbewuchs gedeiht prächtig. Und viel besser als ihre Brüder und Schwestern auf dem Père-Lachaise zum Beispiel sehen hier die Katzen aus. Gesund und gut genährt, ihr Fell glänzt. Seit dem 13. April 1981 hat ein Komitee die Verantwortung für diese Tiere. Den Satzungen entsprechend werden die schnurrenden Vierbeiner gepflegt, registriert und auch sterilisiert. Karteikarten geben Auskunft über die besonderen Kennzeichen der Tiere, die von Pflegern, älteren Damen und Herren, jeden Tag gegen 14 Uhr, sommers wie winters, an strategischen Punkten mit Nahrung versorgt werden. Diese Katzen, von den Parisern überschwenglich geliebt und irrigerweise immer wieder als letzte Wildkatzen Europas bezeichnet, tauchen überall auf dem Cimetière Montparnasse auf. Und besonders zu Ferienbeginn im Sommer erhöht sich ihre Zahl: Viele Städter setzen vor Reiseantritt ihre Haustiere auf dem Friedhof aus.

In der Totenstadt des Montparnasse sind die Außenseiter der Gesellschaft schwer auszumachen. Zu rasch ist man am Grab Baudelaires vorbeigegangen; und um die letzte Ruhestätte von Guy de Maupassant zu finden, bedarf es schon kriminalistischen Spürsinns à la Maigret. Die Vertreter der Bourgeoisie beherrschen das Gelände.

Vor allem Patrioten sind reichlich anzutreffen. So der französische Bildhauer

François Rude, der am Arc de Triomphe die Nationalhymne der Franzosen, die Marseillaise, in Stein schlug (»Le Départ des Volontaires de 1792«) und damit eines der meistbesichtigten Wandreliefs von Paris schuf. (Auch sein Kollege James Pradier, der auf dem Père-Lachaise begraben liegt, durfte auf dem »Altar des Vaterlandes« vier Figuren hinterlassen). Unter die Rubrik Patriotismus fällt heute auch Alfred Dreyfus. Nachdem sein Fall zwölf Jahre lang die Nation erregt hatte, wurde der Colonel, nicht zuletzt dank Zolas öffentlicher Fürsprache in der Zeitung »L'Aurore«, vom Verdacht des Landesverrats freigesprochen und zum Offizier der Ehrenlegion ernannt. Nicht weit entfernt von ihm liegt übrigens die Marschallin Pétain. Ihr Mann war während der Vichy-Regierung zur Symbolfigur des Widerstandes gegen die deutschen Besatzer geworden.

Auf dem Friedhof von Montparnasse besteht kein Mangel an Persönlichkeiten, die ehrenvolle Hauptrollen im politischen Leben Frankreichs spielten. Sogar ein Verwandter Napoleons ist vertreten. J. Ottavi ist der Name des gutaussehenden Herrn, dessen Büste malerisch vom Zahn der Zeit um den Hinterkopf abgenagt wurde. Nur 32 Jahre alt wurde Ottavi: Nach einer öffentlichen Rede tat er beim Verlassen des Rednerpults einen Fehltritt und stürzte sich zu Tode.

»La gloire de la grande nation« blüht hier allerorten. Ihren Ruhm zu mehren half auch Pierre Larousse, als er 1852 mit seinem Freund Augustin Boyer jenen Verlag gründete, in dem seither das weltbekannte Wörterbuch erscheint, ein Standardwerk für Generationen. Ein solches hat auch — will man seinen ergebensten Verehrern glauben — Jean-Paul Sartre hinterlassen. Der große Existentialist liegt direkt rechts hinter dem Haupteingang unter einer schmucklosen hellen Platte begraben, auf der stets einige Blumen welken. Seit Anfang 1986 ruht seine langjährige Lebensgefährtin Simone de Beauvoir neben ihm.

Sartres Beerdigung zog 1980 Tausende an, die dem Sarg vom Boulevard Edgar-Quinet, wo Sartre gelebt hatte, bis zum Friedhof folgten. »Ein Asphaltgetümmel«, berichtete damals eine Agentur. »Sie hingen in den Bäumen, saßen auf Mauervorsprüngen, Fotografen hängten sich an den Wagen, in dem Simone de Beauvoir und seine Adoptivtochter Arlette Elkaim saßen. Freunde mußten den beiden Frauen wie Pflüge eine Schneise in die Menschenmenge ziehen, durch die sich dann die Schriftstellerin, wie zusammengedrückt vor Schmerz, mehr schleppen als führen ließ. Sie sank vor dem Sarg auf einen Stuhl, nicht aus Eiche mit Samt, sondern eine Art Bürositzgelegenheit aus Kunststoff und Metallrohren. Aber was da auch alles an Prominenz aufkreuzte: Michel Rocard und Yves Montand, Françoise Sagan und Simone Signoret trieben in dem Strom mit, Touristen und Kommunisten, bekannte und unbekannte Franzosen aus Literatur und

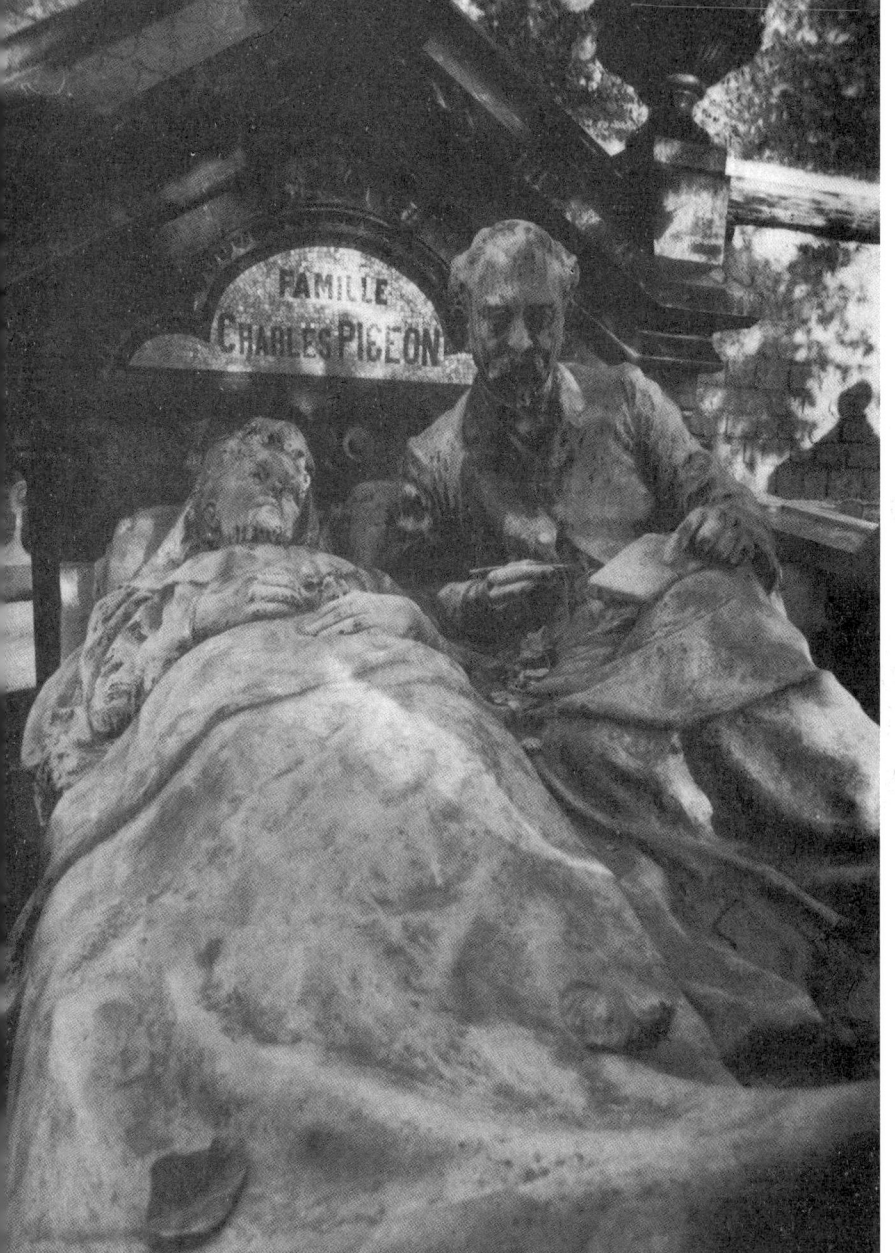

von der Bühne, Anarchisten und biedere Vorortfamilien, hysterisch weinende Mädchen und stumme alte Kämpfer, ›Anciens Combattants‹, mit den Auszeichnungen zweier Weltkriege an den Rockaufschlägen.«

Schon die Würdigungen des Toten hatten alle Dämme brechen lassen: tagelang, seitenlang, stundenlang in Funk und Fernsehen mit immer neuen Zeugnissen und unbekannten Texten Sartres. Die Erinnerungsausgaben von »Le Monde« und Sartres »Libération« waren schnell vergriffen. Und immer wieder hatte man es wiederholt: »Er war ein Mann der Wahrheit, ein Verrückter der Gerechtigkeit und der Menschenwürde. Edelmütig und uneigennützig trat er mit allen Mitteln für die Sache der Armen, der Vertriebenen und der Verlierer ein.«

In welch krassem Gegensatz stand das Begräbnis des Flaubert-Deuters Sartre zu dem des von ihm so hoch verehrten Schriftstellers Guy de Maupassant! Nach einem ruhmvollen Leben war dieser Meister des französischen Naturalismus auf der Suche nach transzendenter Wahrheit in einem Irrenhaus elend krepiert. An seine Beerdigung im Juli 1893 erinnert sich der Freund Charles Virmaitre wie an einen bösen Alptraum: »Die Beerdigung des Künstlers, dieses genialen armen Teufels, der sein Leben für den Triumph seiner Hirngespinste gekämpft hatte und uns dann verließ, war trostlos. Eingeschlossen zwischen vier Holzplanken, den langen Boulevard Montparnasse hinunter, begleitet

von vier Freunden und zwei, drei Nuttchen — grauenhaft. Sie hatten sich zum Konvoi zusammengetan; die Pflastersteine glänzten, das einzige Pferd schlief fast im Geschirr, die Nüstern zwischen den Knien, dumpf vor sich hin. Der Kutscher döste mit schaukelndem Kopf auf seinem Bock dort oben, die vier Träger rieben sich die von Wein geröteten Augen. Und der Leichenwagen polterte laut zwischen den schlafenden Häusern und folgte der Gosse, während die spindeldürren und blassen Bohemiens ihm nachschlichen. Die verdreckten Kleider der Grisetten formierten das Elendsgeleit, das den Tod vor seinem letzten trüben Finale, der Endstation, einfach nicht mehr loslassen wollte.«

Die Pariser hatten es Guy de Maupassant mit Nichtbeachtung heimgezahlt, daß er, ein reichgewordener Schriftsteller mit vier Wohnsitzen und zwei Yachten, sie zeitlebens seine Verachtung hatte fühlen lassen. Und weil er sie und ihre Laster auch noch so detailgetreu in seinen Novellen und Romanen (»Boule de Suif«, »La Peur«, »Une Vie«, »Bel Ami«) geschildert hatte, legten sie auch diese sofort »ad acta«. Der Mann war nie einer der ihren gewesen. Sogar als Liebhaber hatte er sie noch an Manneskraft übertroffen.

Guy de Maupassant war 42 Jahre alt geworden. Das Leben hatte ihn früh zermürbt. Une vie a grande vitesse — immer auf Hochtouren, wer hält das schon aus. Eine verschleppte Syphilis hatte ihn niedergezwungen. So wie auch Alfred de Musset und Alfred de Vigny, Charles Baudelaire und Gustave Flaubert. Maupassant hatte dieser Krankheit mit Alkohol begegnen wollen, erinnert sich der Schriftsteller Paul Léautaud. »Kerngesund, sogar von ausnehmend guter Gesundheit, findet er es überflüssig, sich behandeln zu lassen, und macht weiter. Später, als das Arbeiten ihm Schwierigkeiten bereitet, nimmt er seine Zuflucht zum Äther, das heißt zum Alkohol. Eine Syphilis, auf die man Alkohol gießt . . . Das mußte zur allgemeinen Paralyse führen.« Progressive Syphilis — das bedeutet fortschreitende Verblödung. In der psychiatrischen Klinik des Dr. Blanche, der auch Gérard de Nerval und Charles Gounod behandelt hatte, sahen die Freunde Guy de Maupassant als Nummer 15 im Garten hocken, Löcher in die Erde bohren und auf neue Erdenbürger warten . . .

Der in seiner Hochblüte so produktive Schrifsteller, der »aus Hochmut in der Gesellschaft nie über Literatur sprach, alle offiziellen Ehrungen mißachtete und nur dinierte, flanierte und sich Frauen aussuchte« (Léautaud), endete trostlos wie kaum einer seiner schreibenden Kollegen. Nur Baudelaire, über den anschließend zu lesen sein wird, wurde als ungeliebter Außenseiter ebenso rüde wie Guy de Maupassant mit Mißachtung gestraft.

Die meisten Beerdigungen auf dem Friedhof von Montparnasse aber waren, wie gesagt, glanzvoller und trugen der exklusiven Lage dieser Nekropole

Rechnung. Bis heute weht ein Hauch von Noblesse über dem Gelände, das noch Anfang des 17. Jahrhunderts weizenbebautes Agrarland war, auf dem eine Mühle die Ernte an Ort und Stelle verarbeitete. 1651 wurden die heiligen Brüder von Saint-Jean-de-Dieu dort ansässig. Eine Jesuitenschule entstand, die auch Voltaire später besuchte. Im 18. Jahrhundert schließlich gruppierten sich Vorstadtkneipen, Ginguettes genannt, um den Hügel von Montparnasse. In der ländlichen Idylle erklangen die ersten Musettewalzer, gingen die Grisetten auf Männerfang. Das Amüsement feierte Triumphe. Dem will 1794 der Polizeipräsident Lenoir ein Ende bereiten. Als Ersatz für die aufgelassenen Nekropolen von Vaugirard und Sainte-Cathérine ordnet er die Gründung eines neuen Friedhofs für den gesamten Pariser Süden auf dem Gelände der Jesuitenschule an. Natürlich lag auch dieser bei der Eröffnung im Jahr 1824 »extra muros«. Seine sechs Hektar waren von einer Mauer umgeben, die heute noch existierende und von Efeu umrankte Mühle, damals eine pittoreske Pinte, wurde zum Wärterhäuschen (zur Zeit beherbergt sie eine Bibliothek). Den Kabaretts jedoch konnte Lenoir das bunte Treiben nicht verbieten. Entlang der Friedhofsmauer zogen sie sich noch weit in den Straßen Champ d'Asile (heute Froidevaux) und Montrouge (heute Edgar Quinet) hin. Und ihren Besuchern ging der Gesprächsstoff über den benachbarten Friedhof nie aus. Den leichten Mäd-

Das Haus der Toten

Langgestreckt an den Seiten des
  Friedhofs
Umrahmte das Haus der Toten
  ihn wie ein Kloster
Innen in seinen Vitrinen
Die denen der Modegeschäfte
  glichen
Grinsten statt aufrecht stehend zu
  lächeln
Die Mannequins der Ewigkeit
  entgegen

Plötzlich
Rasch wie mein Gedächtnis
Belebten sich die Augen
Von einer gläsernen Zelle zur
  anderen
Den Himmel füllten Gestalten
  der Apokalypse
Ruhlos lebendig
Und die Erde eine unendliche
  Fläche
Wie vor Galilei
Bedeckten tausend reglose
  Sagengestalten
Ein diamantener Engel zerbrach
  alle Vitrinen
Und die Toten traten auf mich zu
Mit Mienen einer anderen Welt

Eine junge Tote saß auf einer
  Bank
Neben einem Berberitzenbusch

Und ließ sich von einem
  Studenten
Der vor ihr auf den Knien lag
Von Verlobung erzählen

Warten will ich auf dich
Zehn Jahre ja zwanzig wenn's
  sein muß
Was du willst das will auch ich

Warten will ich auf dich
Solange du lebst
Antwortete die Tote

Der Student steckte einen Ring
Auf den Ringfinger der jungen
  Toten
Dies ist das Pfand meiner Liebe
Unsrer Verlobung
Weder durch Zeit noch durch
  Trennung
Werden wir unser Versprechen
  vergessen
Und eines Tages halten wir
  festlich Hochzeit
Myrtenbüschel
An unseren Kleidern und in
  deinem Haar
Eine schöne Predigt in der Kirche
Lange Reden nach dem
  Hochzeitsessen
Und Musik
Musik

Guillaume Apollinaire

chen war er ein idealer Ort für Rendezvous, ängstliche Bürger inspirierte er zu Schauermärchen. Nicht ohne Grund, denn bis ins Jahr 1883 wurde auf ihm immer ein Massengrab für Arme geöffnet gehalten, aus dem sich zu nächtlicher Stunde die Mediziner nicht selten für ihre Anatomiestunden mit menschlichen Überresten ausstatteten. Heute liegt der Friedhof von Montparnasse wie eine Oase im Großstadt-Geschehen. Umgeben von Wohnblökken und seit 1891 sogar von einer Straße (Rue Émile-Richard) durchschnitten, die den alten vom jüngeren Teil trennt, ist er zum Ruheplatz für honette Familien geworden. Die täglichen vom Leben inszenierten Theatervorstellungen des Père-Lachaise finden hier nicht statt. Der Fall des Sergeanten Bertrand (über ihn mehr im folgenden Kapitel) hat auf diesem Gelände, auf dem man überall die Wolkenkratzer des Tour Maine-Montparnasse sehen kann, die Luft endgültig gereinigt. Man kann promenieren, ohne von schrägen Gestalten jeglicher Couleur verfolgt zu werden; und auch mutwillige Grabschändungen passieren kaum.

Die Toten ruhen hier in Frieden.

Dracula läßt grüßen

Am 10. Juli 1849 wurde in Paris der Sergeant François Bertrand zu einem Jahr Gefängnis verurteilt. Damit wurde vor dem Militärgericht ein Fall abgeschlossen, der die Geschichte der Friedhöfe in der Hauptstadt um das düstere Kapitel Nekrophilie bereichert hat. Denn der 25jährige Bertrand vom 2. Bataillon der dritten in Neuilly kasernierten Kompanie war nächtens in Grüfte und Gräber eingedrungen, um sich an den Leichen zu vergehen.

Am 30. Juli 1848 waren auf dem Cimetière Montparnasse die ersten nekrophilen Vergehen registriert worden. Und noch monatelang sollten sie sich auf anderen Nekropolen wiederholen. Auf dem Père-Lachaise ebenso wie auf dem Friedhof von Ivry. Den Unhold erwischte man schließlich durch einen Trick. Versteckt unter künstlichen Kränzen, warteten Nacht für Nacht Polizisten mit Schrotflinten auf den Täter. Am 15. Mai endlich knallte es, ein Mann floh, hinterließ eine Blutspur. Und an der Mauer des Friedhofs von Montparnasse wurde auch noch ein zerrissenes Stück Uniformstoff gefunden. Am nächsten Morgen spielte dann der Zufall Kommissar: Bei einer Exerzierübung nahe dem Friedhof unterhielten sich Soldaten über einen ihrer Vorgesetzten, den man in der Nacht zuvor verletzt ins Hospital eingeliefert hatte. Die Polizei schlug zu, und der Sergeant Bertrand legte ein Geständnis ab.

»Es waren«, gab er zu Protokoll, »die Gräber von Frauen, die mich magisch anzogen. Ich umarmte die Körper, drückte sie an mich, liebkoste sie, wie man es mit der Liebsten tut. Dann machte ich mich ans Verstümmeln, riß ihnen die Eingeweide heraus.«

Der Sergeant hatte viele solcher Rendezvous gehabt. Und immer hatte er dabei Uniform getragen. Denn nur dank seines Ranges konnte er noch spätabends die Kaserne verlassen. Zum Wecken war er dann immer pünktlich wieder zur Stelle gewesen. Kein Grund also für das Militärgericht, die Strafe sonderlich hoch anzusetzen, zumal auf Nekrophilie laut Paragraph 360 des heute noch gültigen Strafrechts »eine Gefängnisstrafe von drei Monaten bis zu einem Jahr sowie eine Geldstrafe von mindestens 500 bis höchstens 1800 Francs« in Aussicht gestellt wird. Der Sergeant François Bertrand wurde mit einem Jahr Gefängnis bestraft. Anschließend zog er persönliche Konsequenzen, ließ sich in eine psychiatrische Klinik einweisen, wo er sich wenige Monate später das Leben nahm.

ÇONS DE CLINIQUE CHIRURGICALE

Szenen eines Medizinerlebens:
Reliefs am Grab von Lisfranc

Grabschändungen waren auf den Pariser Friedhöfen in jenen Jahren nichts Ungewöhnliches. Zur Sprache gekommen waren sie jedoch sehr selten — bis zum Fall Bertrand. Schließlich galten sie nur als Kavaliersdelikte, die sich junge Chirurgen erlaubten, wenn sie sich, um der Menschheit zu dienen, die Leichen zum Sezieren direkt von den Nekropolen beschafften. Noch einmal sei hier Mercier zitiert, der einen solchen Beschaffungstrupp augenscheinlich begleitet hat: »Die jungen Chirurgen tun sich zu viert zusammen, nehmen eine Mietkutsche, erklimmen einen Friedhof. Der eine kämpft gegen den Hund, der die Toten bewacht [und den es auf den meisten Nekropolen zur Unterstützung des Wachtpersonals nachts auch heute noch gibt, H.-E. L.], der andere steigt mit der Leiter in die Grube, der dritte sitzt rittlings auf der Mauer, wirft den Leichnam hinunter, der vierte hebt ihn auf und legt ihn in den Wagen.«

Schon vor der Revolution waren solche Grabschändungen vorgekommen, wenn auch nur wenige Ärzte damals über geheime Todeslaboratorien verfügt hatten, in denen sie, von Skeletten umgeben, mit ihren Assistenten Leichen sezierten, um den Ursachen des Lebens wie der Krankheit auf die Spur zu kommen.

Erst nach der Revolution siegte der Pragmatismus über Moralvorstellungen. Antiquierte Theorien von Heilvorgängen wurden ad acta gelegt, und der menschliche Körper, bisher im Tode tabuisiert, wurde immer mehr, vor allem für junge Mediziner, zum Reizobjekt. Sie wollten nicht mehr im verborgenen praktizieren und sezieren und mit den Badern in einem Atem genannt werden. Aber erst zu Beginn des 19. Jahrhunderts verschmolzen in Frankreich Chirurgie und Medizin zu einer Berufssparte. Namen wie Philippe Pinel, René-Théophile-Hyacinthe Laënnec, François-Joseph-Victor Broussais oder Pierre-Charles-Alexandre Louis brachten die Chirurgie auf ein hohes Niveau. Napoleons Arzt Dominique-Jean Larrey zum Beispiel erfand den rollenden Krankenwagen, Joseph Récamier entfernte als erster einen Uterus, Pierre-Émile Roux die Schilddrüse und Jacques Lisfranc das Rektum. Noch immer aktuell ist Lisfrancs Erkenntnis: »Auch wenn die Chirurgie glanzvoll ist, wenn sie operiert, so ist sie es doch nur so mehr, wenn sie, ohne Blut fließen zu lassen, die Heilung des Kranken bewirkt.«

Sein Grab auf dem Friedhof von Montparnasse zeigt Szenen aus einem beeindruckenden Leben in den Reliefs »Letzter Sachsen-Feldzug« und »Lehrstunde in der Chirurgie am Hôpital de la Pitié«.

Auch Lisfranc und seine Kollegen mußten sich die Praxis der Chirurgie mit oft sehr fragwürdigen Methoden erarbeiten. Und die illegale Leichenbeschaffung spielte dabei bestimmt eine große Rolle. Mit erotischer Perversion oder Besessenheit hatte diese Art der Grabschändung jedoch nichts zu tun.

Nekrophilie — das war ein ganz anderes Thema. Es sollte vor allem in der Literatur des 19. Jahrhunderts großen Niederschlag finden. Inspiriert von den Werken des »schwarzen Marquis« de Sade, verbreitete sich unter dem Motto »Le satanisme a gagné« (Satan hat gesiegt) in den Salons eine Flut von melodramatischen Schauerromanen. Ungeheuer wie Sardanapal und Semiramis, Nero und Heliogabal wurden nicht selten in übermenschlicher Schönheit dargestellt. Morbide Raffinesse wurde zur Sucht, die Nekrophilie romantisiert, und der Ort, wo das alles geschah, wimmelte von makabren Lüsten.

Dichter und Schriftsteller wie Lord Byron (»Giaur«), Mary Woolstonecraft Shelley (»Frankenstein«), Charles Robert Maturin (»Melmoth«), Prosper Mérimée (»Guzla«), Restif de la Bretonne (»Anti-Justin«), Matthew Gregory Lewis (»Ambrosio or the monk«), Samuel Richardson (»Clarissa«), Isidore Ducasse, »Comte de Lautréamont« (»Les chants de Maldoror«), Denis Diderot (»La religieuse«), Loaisel de Tréogate (»Comtesse d'Alibre«) erzählten mit Leidenschaft Geschichten von Menschen, die ihr Blut dem Teufel verkaufen oder Tote zerstückeln, um ein neues Wesen zu erschaffen und das große erotische Erlebnis mit der Schönheit des Bösen zu verschmelzen. »Laßt uns die Wollust mit dem Tod vermischen!« — Dieser Devise entsprechend handelten vor allem jene Décadents, deren Helden übermenschliche Ungeheuer waren (die

übrigens seit den Anfängen des Kinos in schöner Regelmäßigkeit auf der Leinwand präsent sind). Bergfriede und Verliese und vor allem Grüfte, »wo nichts als Schweigen herrscht und Nacht, schwarze Nacht«, waren bevorzugte Orte der Handlung.

»Die Eulen in den Zypressen schlugen mit verstaubten Flügeln unter klagendem Geheul«, beschreibt Théophile Gautier in seiner Erzählung »Die liebende Tote« eine solche Szene. Und fährt fort: »Von fernher hört man das Bellen der Füchse und tausend andere unheimliche Geräusche, wie sie der nächtlichen Stunde angehören. Endlich stieß der Spaten mit dumpf hallendem Ton an die Bretter des Sargs. Es war der schreckliche Laut, den das Nichts von sich gibt, wenn man es anrührt. Serapion hob den Deckel, und ich erblickte Claramonde, blaß wie Marmor, mit gefalteten Händen. Ihr Leichentuch spannte sich glatt, ohne die geringste Falte, vom Kopf bis zu den Füßen. Ein roter Tropfen schimmerte wie eine Rose in einem Winkel ihrer ganz verblaßten Lippen. Bei diesem Anblick schrie Serapion in furchtbarer Wut: ›Da haben wir dich also, Dämon! Schamlose Kurtisane! Blut- und Goldsauger!‹ Mit diesen Worten schwenkte er wild seinen Weihwasserkessel über Körper und Sarg der Toten und machte das Zeichen des Kreuzes über der Gruft.«

»Alle bösen Elemente der Erde, der Luft und des Wassers« (Joseph Sheridan Le Fanu, »Draculas Gast«) sind in diesen Erzählungen und Romanen ver-

eint. Und über allem schwebt der Vampir, der sich so rasch und unersättlich in ein blutsaugendes Ungeheuer mit menschlichen Zügen verwandeln kann. »Die Energiequelle seiner Existenz nach dem Erwachen ist eine entsetzliche Gier nach warmem Blut. Vampire fühlen sich häufig mit einer der Liebesleidenschaft ähnlichen Heftigkeit von bestimmten Menschen fasziniert . . . Sie geben nie auf, bevor sie nicht ihre Leidenschaft gestillt und ihrem Opfer den letzten Blutstropfen aus den Adern gesaugt haben.« (Le Fanu, »Carmilla«)

Ein knochiger Vampir ist es auch, der saugend am Hals des Charles Baudelaire hängt und dessen Werk mit »unbegreiflich makabrem Glanz« (Victor Hugo) überstrahlt.

An der hohen Friedhofsmauer zur Rue Émile-Richard ist der in Stein gehauene, an Nietzsche erinnernde Baudelaire-Kopf mit dem Vampir darunter zu betrachten. Seine düstere Sinnlichkeit entspricht dem Dichter und seinen Versen auf viel sensiblere Weise als sein bürgerliches Grab in der sechsten Abteilung.

Diesem wiederum haftet die tiefe Tragik eines deprimierenden Lebens an. Denn zwischen dem Namen seiner Mutter, Caroline Archebbaut Defayes, verwitwete Baudelaire, und dem des Stiefvaters, Jacques Aupick, dessen Verdienste als General und Botschafter Frankreichs in Konstantinopel achtzeilig gewürdigt werden, wird über den Autor der »Blumen des Bösen« nur lapidar mitgeteilt:

»Sein Stiefsohn, verstorben in Paris am 31. August 1867«.

Ein ungeliebter Sohn fürwahr, der den größten Teil seines Lebens gleichermaßen in Exotismen und Depressionen schwelgte, Opium und Alkohol genoß, um schließlich, von den Menschen im allgemeinen und der eigenen Familie im besonderen angeekelt, in Doktor Duvals Heilanstalt in der Avenue d'Eylau einsam zu sterben.

Unversöhnlicher Haß gegen den Stiefvater und eine heftige Liebe zur Mutter, die nur mit kühler Bevormundung beantwortet wurde, hatten Baudelaire früh der Bohème in die Arme getrieben. Ein Großteil des ihm zustehenden und ausgezahlten Erbes war im Nu verschleudert; die Mutter gab ihm einen gerichtlichen Vormund. Aber auch der konnte nicht verhindern, daß Baudelaire sich noch intensiver an seinen Phantasien berauschte, sie in Verse preßte und damit die Bourgeoisie schockte. Diese zahlte es ihm heim: 1857 wurden dem Dichter wegen »verderblicher Wirkung der Bilder« in seinem Gedichtwerk »Die Blumen des Bösen« 300 Francs Strafe auferlegt. Sechs Gedichte mußte er außerdem aus dem schmalen Band entfernen. Erst hundert Jahre später sollte dieses hanebüchene Urteil aufgehoben werden.

Vom Tod des Charles Baudelaire nahm Paris natürlich keine Notiz. An einem »Tag von hinterhältiger Milde, der Licht und Hitze auf nervenzerreißende Art filtrierte«, trug man ihn zu Grabe. Der

Freund Léon Dommartin schrieb darüber später: »Ein Herr mit angesteckten Orden sah unseren bürgerlichen, spießigen, banalen Trauerzug vorbeiziehen und fragte mich: ›Was hat das zu bedeuten?‹ Und ich antwortete: ›Wir tragen den Verfasser der »Blumen des Bösen« zu Grabe.‹ Auf dem Gesicht des dekorierten Herrn malte sich höchste Verwunderung, welche bedeuten mochte: ›Verfasser der »Blumen des Bösen«? Wer ist denn das?‹«
Schon zu seinen Lebzeiten hatte man sich über Baudelaire das Maul zerrissen. Die Gedichte des stets sehr geschmäcklerisch und modebewußt auftretenden Dandys, »der den Dämonen der Nacht ihre Geheimnisse entreißen wollte« (Sainte-Beuve) und seine schmerzhaft durchlittene Hysterie kultivierte, erregten auf fatale Weise Aufsehen. Selbst ihm nahestehende Literaten akzeptierten nur widerstrebend seine Schwärmereien über Tod und Verhängnis als Verfeinerung all dessen, was die Romantiker bereits aus dem Geist und Werk eines de Sade herausgefiltert hatten. Konnte man denn noch weiter hinabsteigen in jene Abgründe der Seele, in denen für den Dichter Baudelaire Satans Reich begann, Gottes Welt zur Hölle wurde?
Auf seiner Reise in diese Tiefen, in denen betörende Bettlerinnen und erniedrigte Kurtisanen, schielende Jüdinnen und schöne Kahlköpfige den Weltschmerz (l'ennui) Baudelaires, des »Kadaverfürsten«, wie die Zeitungen ihn nannten, so massiv befruchteten,

daß er in hemmungsloser Ekstase Luzifer pries und Gott lästerte (»La Révolte et la Mort«), auf dieser Höllenfahrt ließ er sich von einer Freundin begleiten, der er seine Obsessionen mit Herzblut auf die braune Haut schrieb. Die Mulattin Jeanne Duval, »eine garstige Schlunze« mit »Augen wie Dreck, in denen ein Leuchtfeuer brennt«, teilte mit ihm jenes Liebeslager, auf dem er nach Nächten voller Ausschweifungen das Fazit zog: »Tout décade! – Alles zerfällt! Die Macht des Bösen ist allgegenwärtig!«
Am Ende seines Lebens war Baudelaire mit geistiger Blindheit geschlagen. Gelähmt und sprachgestört und »derart verändert, daß er sich selbst im Spiegel nicht mehr erkannte und grüßte, sich auf seinen Namen nur besann, wenn er ihn auf dem Einband seiner eigenen Bücher sah, kaum mehr als drei Worte: ›Nein, verflixt, nein‹ sprach und sich nur bei den geliebten Namen Manets und Wagners wieder etwas belebte« (Léautaud), verbrachte er die letzten Tage in der Heilanstalt des Arztes Émile Dumas in der Rue de Dôme 1. Hier starb er am 31. August 1867 um 11 Uhr vormittags an den Folgen einer durch Syphilis bedingten und durch Rauschgiftgenuß (Opium und Haschisch) beschleunigten Erkrankung des Sprachzentrums.
Jeanne Duval verschwand nach Baudelaires Tod von der Bildfläche. Der Fotograf Nadar sah sie 1877 zum letztenmal, als sie sich auf Krücken durch die Straßen von Paris schleppte.

Denkmal für Charles Baudelaire

Der Vampyr

Du, die gleich einem Messerstich
Tief in mein stöhnend Herz
  gedrungen;
Du, wie Dämonen fürchterlich,
Von Narrheit, Eitelkeit bezwungen,

Gekommen, um in meinem Sinn
Zu herrschen und sich
  einzubetten;
— Du Schmach, der ich verhaftet
  bin,
So wie der Sträfling seinen Ketten,

So wie der Spieler seiner Sucht,
So wie der Trinker seinem Glase,
So wie die Made ihrem Aase,
— Verfluchte, sei von mir verflucht!

Das schnelle Schwert hab ich
  beschworen,
Daß es die Freiheit mir erzwingt,
Das Gift hab ich umsonst
  erkoren,
Daß es dem Feigling Hilfe bringt.

Ach, Gift und Schwert mich nur
  verlachen,
Verächtlich sprechen alle zwei:
»Du bist nicht wert, dich
  freizumachen
Von der verwünschten Sklaverei,

Du Narr! — wenn dich von ihren
  Schrecken
Einst auch erlöste unsre Kraft,
Wird deiner Küsse Leidenschaft
Noch deines Vampyrs Leiche
  wecken!

Charles Baudelaire

ANHANG: WISSENSWERTES ÜBER PARISER FRIEDHÖFE

Der Père-Lachaise in Zahlen und Fakten

Öffnungszeiten

16. März bis 5. November von 7.30 Uhr bis 18 Uhr, 6. November bis 15. Januar von 8.30 Uhr bis 17 Uhr, 16. Januar bis 15. März von 8 Uhr bis 17.30 Uhr

Eingänge

Sie befinden sich am Boulevard de Ménilmontant nahe der Métro-Station Père-Lachaise, in der Rue des Rondeaux gegenüber der Avenue de Père-Lachaise, in der Rue de la Réunion nahe der Rue de Bagnolet und in der Rue du Repos zwischen dem Boulevard de Charonne und dem Boulevard de Ménilmontant.

Toiletten

Sie befinden sich hinter dem Haupteingang links, im Leichenschauhaus am Eingang der Rue de Repos, links hinter dem Eingang an der Rue des Rondeaux, links hinter dem Eingang in der Rue de la Réunion und im Zentrum des Friedhofs hinter der Kapelle und dem Grab von Thiers.

Größe

Mit 43 Hektar ist der Père-Lachaise der größte Stadtfriedhof von Paris. Der Cimetière Montmartre erstreckt sich über 11 Hektar, der Cimetière Montparnasse über 19 Hektar. Außerhalb des Zentrums ist der Friedhof von Pantin mit 107 Hektar die größte Begräbnisstätte. Insgesamt verfügt Paris über zwanzig Friedhöfe (420 Hektar); 14 befinden sich innerhalb der Stadt, sechs in den Randbezirken.

Preise für Grabstätten auf dem Père-Lachaise — Stand vom 1.1.1981

Zwei Quadratmeter in der ersten Reihe: 19 688,40 Francs, zwei Quadratmeter in den folgenden Reihen: 10 558,50 Francs. (Auf dem Cimetière Montparnasse müssen dafür 22 273,50 bzw. 12 723,34 Francs bezahlt werden.) Preise für einen Urnenplatz im Kolumbarium: 4 647,48 Francs (concession perpétuelle).

Einäscherungspreis

Er beträgt für Pariser 730 Francs, für Auswärtige 845 Francs. Hilfsbedürftige werden gratis eingeäschert. Plätze im Kolumbarium: 25 000, bislang belegt: ca. 15 000.

Das Kolumbarium ist mit zwei alten Gasöfen und einem Heizölofen ausgestattet.

Friedhofspersonal

1 Konservator
1 Verwalter
8 Büroangestellte

1 Chefbrigadier
3 Brigadiers
33 Wärter
3 Cheftotengräber
23 Totengräber

Konzessionen für Kunden
Begräbnisplätze können für fünf, dreißig oder fünfzig Jahre erworben werden. Kündigung zwei Jahre vor Ablauf. Die Überreste exhumierter Personen werden in das Beinhaus überführt.

Pflege der Grabstätten
Die Kosten variieren je nach Größe. Für eine Kapelle von zweieinhalb Quadratmetern werden für zwei jährliche Reinigungen — zu Ostern und Allerheiligen — 795 Francs berechnet.

Verbote
Für Hunde ist der Eintritt verboten. (Im übrigen sollen sie durch die Friedhofsluft ihren Spürsinn verlieren.) Fahrzeuge werden nur nach Rücksprache mit den Wachen zugelassen, wenn sie Personen über 65 Jahre zu den Gräbern ihrer Anverwandten befördern.
Filmaufnahmen sind nicht erlaubt, eine Ausnahme wird bei historischen Gräbern gemacht.
Verboten ist auch, den Friedhof mit Gepäck zu betreten.

Belegung
Zwischen dem 21. Mai 1804 und dem 31. Dezember 1980 wurden auf dem Père-Lachaise 938 640 Personen begraben.

Katzen
Obwohl keine Zählung stattfand, schätzt man ihre Zahl auf 300 bis 400.

Bäume
Auf dem Père-Lachaise stehen 12 000 Bäume. Darunter 300 Lebensbäume, 50 schwarze Nußbäume, 500 Ulmen, 300 Ahorne, außerdem Platanen, Buchen, Linden, Kirschbäume, Zypressen, Zedern, Eschen.

Vögel
Der Père-Lachaise ist das größte Vogelhaus von Paris. Je nach Saison kann man dort Amseln, Eichelhäher, Neuntöter, Nachtigallen, Meisen, Spechte, Ringeltauben, Fasane (die sich oft vom Bois de Boulogne dorthin verirren), Wachteln und Enten beobachten.

Schließung
Eine Viertelstunde, bevor sich die Tore schließen, ertönt eine Glocke, fünf Minuten später sind Trillerpfeifen zu hören. Wer auch diese überhört, kann den Friedhof später am Ausgang Boulevard de Ménilmontant verlassen.

Die genannten Besuchszeiten und Verbote gelten auch für alle anderen Pariser Friedhöfe.

Der Père-Lachaise und seine berühmten Toten

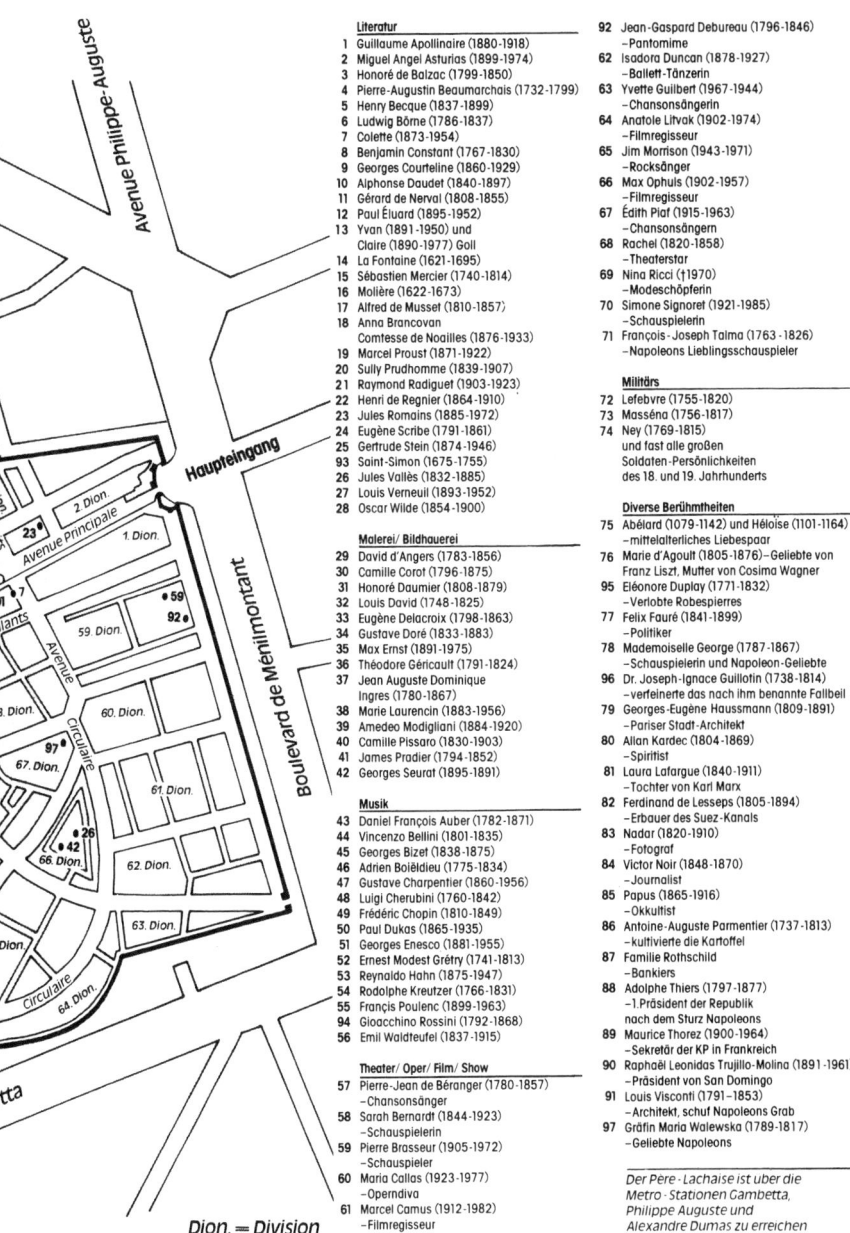

Literatur

1 Guillaume Apollinaire (1880-1918)
2 Miguel Angel Asturias (1899-1974)
3 Honoré de Balzac (1799-1850)
4 Pierre-Augustin Beaumarchais (1732-1799)
5 Henry Becque (1837-1899)
6 Ludwig Börne (1786-1837)
7 Colette (1873-1954)
8 Benjamin Constant (1767-1830)
9 Georges Courteline (1860-1929)
10 Alphonse Daudet (1840-1897)
11 Gérard de Nerval (1808-1855)
12 Paul Éluard (1895-1952)
13 Yvan (1891-1950) und
   Claire (1890-1977) Goll
14 La Fontaine (1621-1695)
15 Sébastien Mercier (1740-1814)
16 Molière (1622-1673)
17 Alfred de Musset (1810-1857)
18 Anna Brancovan
   Comtesse de Noailles (1876-1933)
19 Marcel Proust (1871-1922)
20 Sully Prudhomme (1839-1907)
21 Raymond Radiguet (1903-1923)
22 Henri de Regnier (1864-1910)
23 Jules Romains (1885-1972)
24 Eugène Scribe (1791-1861)
25 Gertrude Stein (1874-1946)
93 Saint-Simon (1675-1755)
26 Jules Vallès (1832-1885)
27 Louis Verneuil (1893-1952)
28 Oscar Wilde (1854-1900)

Malerei/ Bildhauerei

29 David d'Angers (1783-1856)
30 Camille Corot (1796-1875)
31 Honoré Daumier (1808-1879)
32 Louis David (1748-1825)
33 Eugène Delacroix (1798-1863)
34 Gustave Doré (1833-1883)
35 Max Ernst (1891-1975)
36 Théodore Géricault (1791-1824)
37 Jean Auguste Dominique
   Ingres (1780-1867)
38 Marie Laurencin (1883-1956)
39 Amedeo Modigliani (1884-1920)
40 Camille Pissaro (1830-1903)
41 James Pradier (1794-1852)
42 Georges Seurat (1895-1891)

Musik

43 Daniel François Auber (1782-1871)
44 Vincenzo Bellini (1801-1835)
45 Georges Bizet (1838-1875)
46 Adrien Boïeldieu (1775-1834)
47 Gustave Charpentier (1860-1956)
48 Luigi Cherubini (1760-1842)
49 Frédéric Chopin (1810-1849)
50 Paul Dukas (1865-1935)
51 Georges Enesco (1881-1955)
52 Ernest Modest Grétry (1741-1813)
53 Reynaldo Hahn (1875-1947)
54 Rodolphe Kreutzer (1766-1831)
55 François Poulenc (1899-1963)
94 Gioacchino Rossini (1792-1868)
56 Emil Waldteufel (1837-1915)

Theater/ Oper/ Film/ Show

57 Pierre-Jean de Béranger (1780-1857)
   –Chansonsänger
58 Sarah Bernhardt (1844-1923)
   –Schauspielerin
59 Pierre Brasseur (1905-1972)
   –Schauspieler
60 Maria Callas (1923-1977)
   –Operndiva
61 Marcel Camus (1912-1982)
   –Filmregisseur
92 Jean-Gaspard Debureau (1796-1846)
   –Pantomime
62 Isadora Duncan (1878-1927)
   –Ballett-Tänzerin
63 Yvette Guilbert (1967-1944)
   –Chansonsängerin
64 Anatole Litvak (1902-1974)
   –Filmregisseur
65 Jim Morrison (1943-1971)
   –Rocksänger
66 Max Ophuls (1902-1957)
   –Filmregisseur
67 Édith Piaf (1915-1963)
   –Chansonsängern
68 Rachel (1820-1858)
   –Theaterstar
69 Nina Ricci (†1970)
   –Modeschöpferin
70 Simone Signoret (1921-1985)
   –Schauspielerin
71 François-Joseph Talma (1763-1826)
   –Napoleons Lieblingsschauspieler

Militärs

72 Lefebvre (1755-1820)
73 Masséna (1756-1817)
74 Ney (1769-1815)
   und fast alle großen
   Soldaten-Persönlichkeiten
   des 18. und 19. Jahrhunderts

Diverse Berühmtheiten

75 Abélard (1079-1142) und Héloise (1101-1164)
   –mittelalterliches Liebespaar
76 Marie d'Agoult (1805-1876)–Geliebte von
   Franz Liszt, Mutter von Cosima Wagner
95 Eléonore Duplay (1771-1832)
   –Verlobte Robespierres
77 Felix Fauré (1841-1899)
   –Politiker
78 Mademoiselle George (1787-1867)
   –Schauspielerin und Napoleon-Geliebte
96 Dr. Joseph-Ignace Guillotin (1738-1814)
   –verfeinerte das nach ihm benannte Fallbeil
79 Georges-Eugène Haussmann (1809-1891)
   –Pariser Stadt-Architekt
80 Allan Kardec (1804-1869)
   –Spiritist
81 Laura Lafargue (1840-1911)
   –Tochter von Karl Marx
82 Ferdinand de Lesseps (1805-1894)
   –Erbauer des Suez-Kanals
83 Nadar (1820-1910)
   –Fotograf
84 Victor Noir (1848-1870)
   –Journalist
85 Papus (1865-1916)
   –Okkultist
86 Antoine-Auguste Parmentier (1737-1813)
   –kultivierte die Kartoffel
87 Familie Rothschild
   –Bankiers
88 Adolphe Thiers (1797-1877)
   –1.Präsident der Republik
   nach dem Sturz Napoleons
89 Maurice Thorez (1900-1964)
   –Sekretär der KP in Frankreich
90 Raphaël Leonidas Trujillo-Molina (1891-1961)
   –Präsident von San Domingo
91 Louis Visconti (1791-1853)
   –Architekt, schuf Napoleons Grab
97 Gräfin Maria Walewska (1789-1817)
   –Geliebte Napoleons

*Der Père-Lachaise ist über die
Metro-Stationen Gambetta,
Philippe Auguste und
Alexandre Dumas zu erreichen*

Dion. = Division

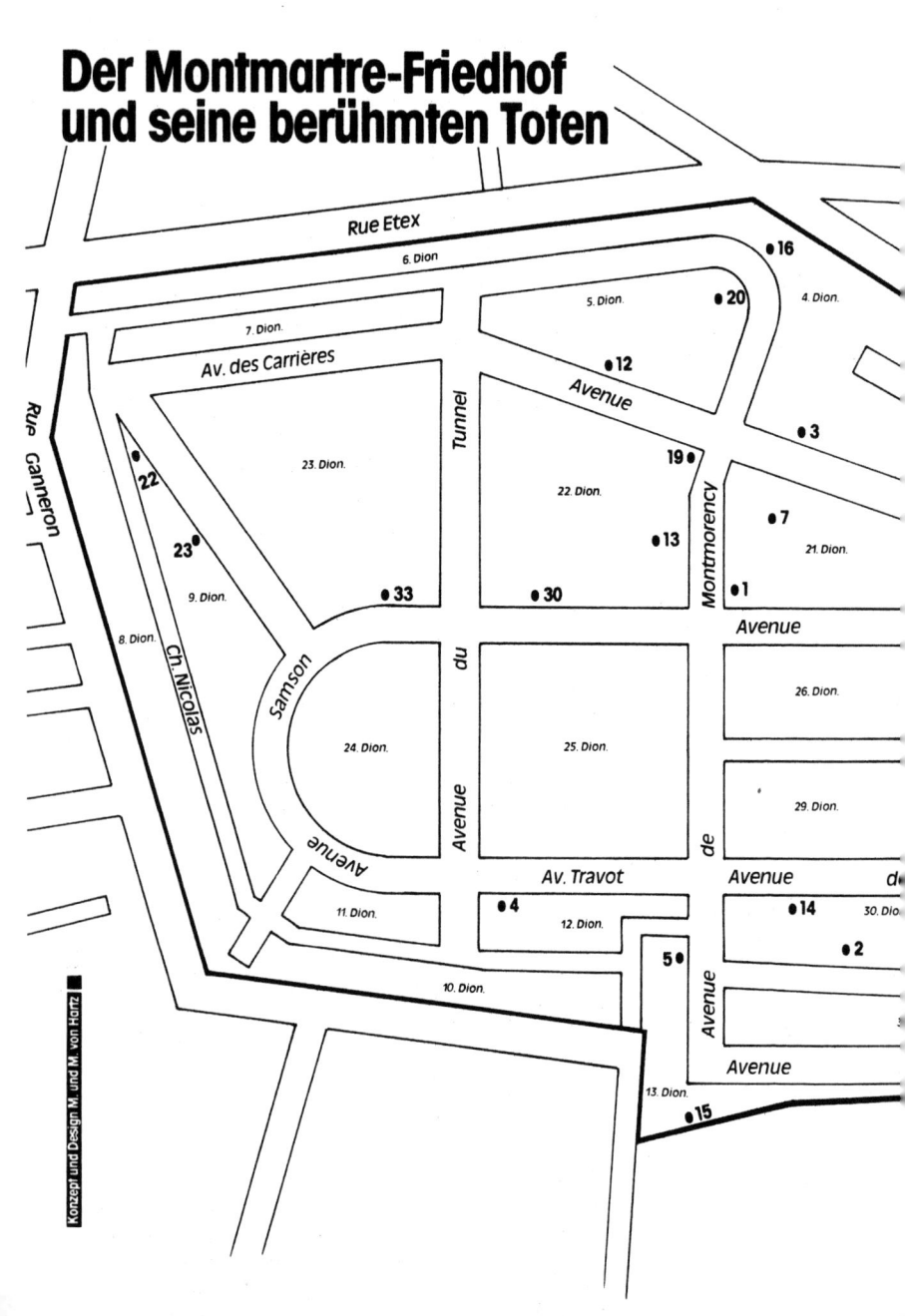

Der Montmartre-Friedhof und seine berühmten Toten

Rue Etex

6. Dion.

• 16

7. Dion.

5. Dion.

• 20

4. Dion.

Av. des Carrières

• 12

Avenue

Tunnel

23. Dion.

19 •

• 3

•
22

22. Dion.

Montmorency

• 7

23 •

• 13

21. Dion.

9. Dion.

• 33

• 30

• 1

Avenue

Samson

du

26. Dion.

24. Dion.

25. Dion.

29. Dion.

Ch. Nicolas

8. Dion.

Avenue

de

Rue Ganneron

Avenue

Av. Travot

Avenue

d

11. Dion.

• 4

• 14

30. Dio.

12. Dion.

• 2

5 •

10. Dion.

Avenue

3

Avenue

13. Dion.

• 15

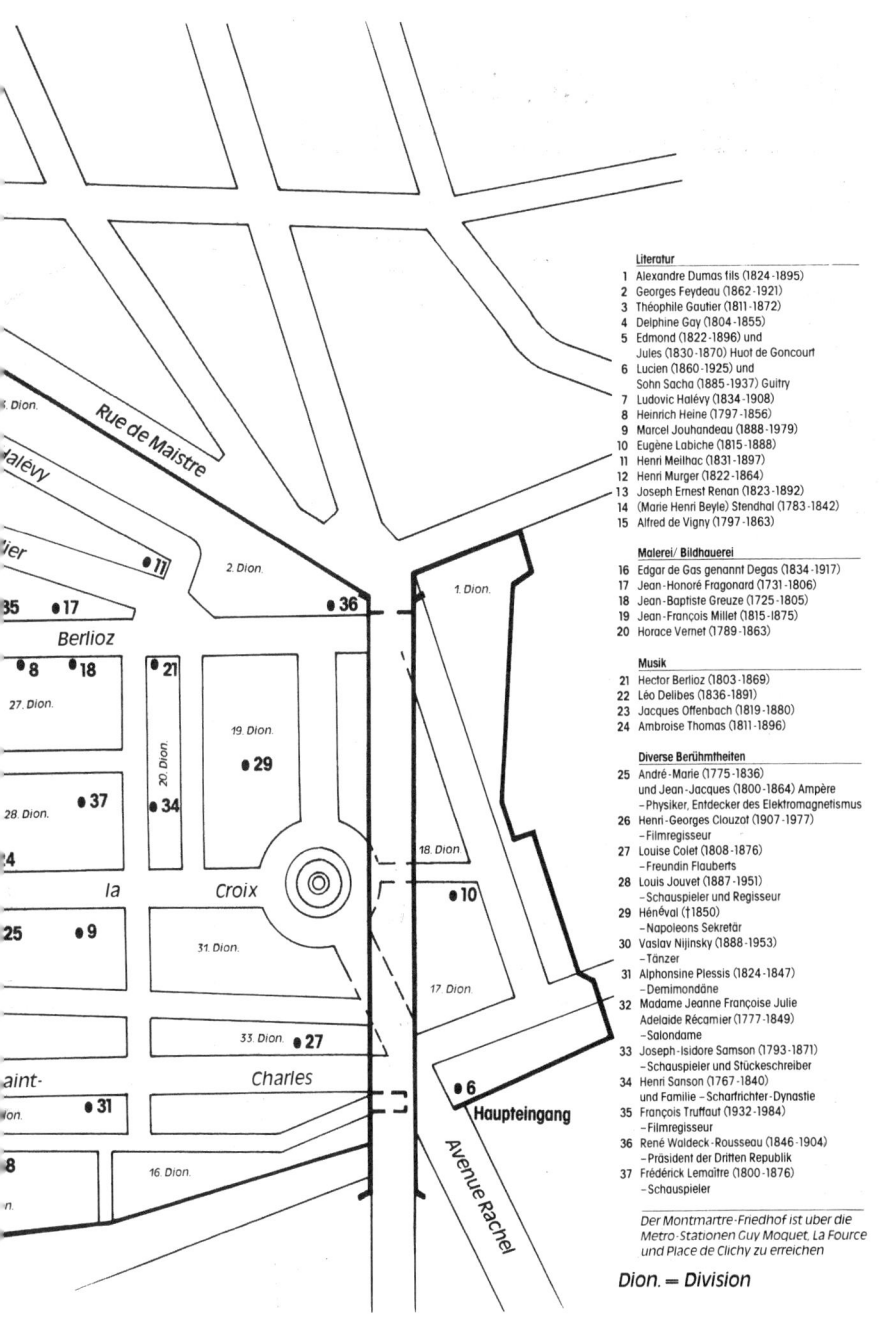

Literatur

1 Alexandre Dumas fils (1824-1895)
2 Georges Feydeau (1862-1921)
3 Théophile Gautier (1811-1872)
4 Delphine Gay (1804-1855)
5 Edmond (1822-1896) und
   Jules (1830-1870) Huot de Goncourt
6 Lucien (1860-1925) und
   Sohn Sacha (1885-1937) Guitry
7 Ludovic Halévy (1834-1908)
8 Heinrich Heine (1797-1856)
9 Marcel Jouhandeau (1888-1979)
10 Eugène Labiche (1815-1888)
11 Henri Meilhac (1831-1897)
12 Henri Murger (1822-1864)
13 Joseph Ernest Renan (1823-1892)
14 (Marie Henri Beyle) Stendhal (1783-1842)
15 Alfred de Vigny (1797-1863)

Malerei/ Bildhauerei

16 Edgar de Gas genannt Degas (1834-1917)
17 Jean-Honoré Fragonard (1731-1806)
18 Jean-Baptiste Greuze (1725-1805)
19 Jean-François Millet (1815-1875)
20 Horace Vernet (1789-1863)

Musik

21 Hector Berlioz (1803-1869)
22 Léo Delibes (1836-1891)
23 Jacques Offenbach (1819-1880)
24 Ambroise Thomas (1811-1896)

Diverse Berühmtheiten

25 André-Marie (1775-1836)
   und Jean-Jacques (1800-1864) Ampère
   – Physiker, Entdecker des Elektromagnetismus
26 Henri-Georges Clouzot (1907-1977)
   – Filmregisseur
27 Louise Colet (1808-1876)
   – Freundin Flauberts
28 Louis Jouvet (1887-1951)
   – Schauspieler und Regisseur
29 Hénéval (†1850)
   – Napoleons Sekretär
30 Vaslav Nijinsky (1888-1953)
   – Tänzer
31 Alphonsine Plessis (1824-1847)
   – Demimondäne
32 Madame Jeanne Françoise Julie
   Adelaide Récamier (1777-1849)
   – Salondame
33 Joseph-Isidore Samson (1793-1871)
   – Schauspieler und Stückeschreiber
34 Henri Sanson (1767-1840)
   und Familie – Scharfrichter-Dynastie
35 François Truffaut (1932-1984)
   – Filmregisseur
36 René Waldeck-Rousseau (1846-1904)
   – Präsident der Dritten Republik
37 Frédérick Lemaître (1800-1876)
   – Schauspieler

*Der Montmartre-Friedhof ist über die
Metro-Stationen Guy Moquet, La Fource
und Place de Clichy zu erreichen*

Dion. = Division

Der Friedhof Montparnasse und seine berühmten Toten

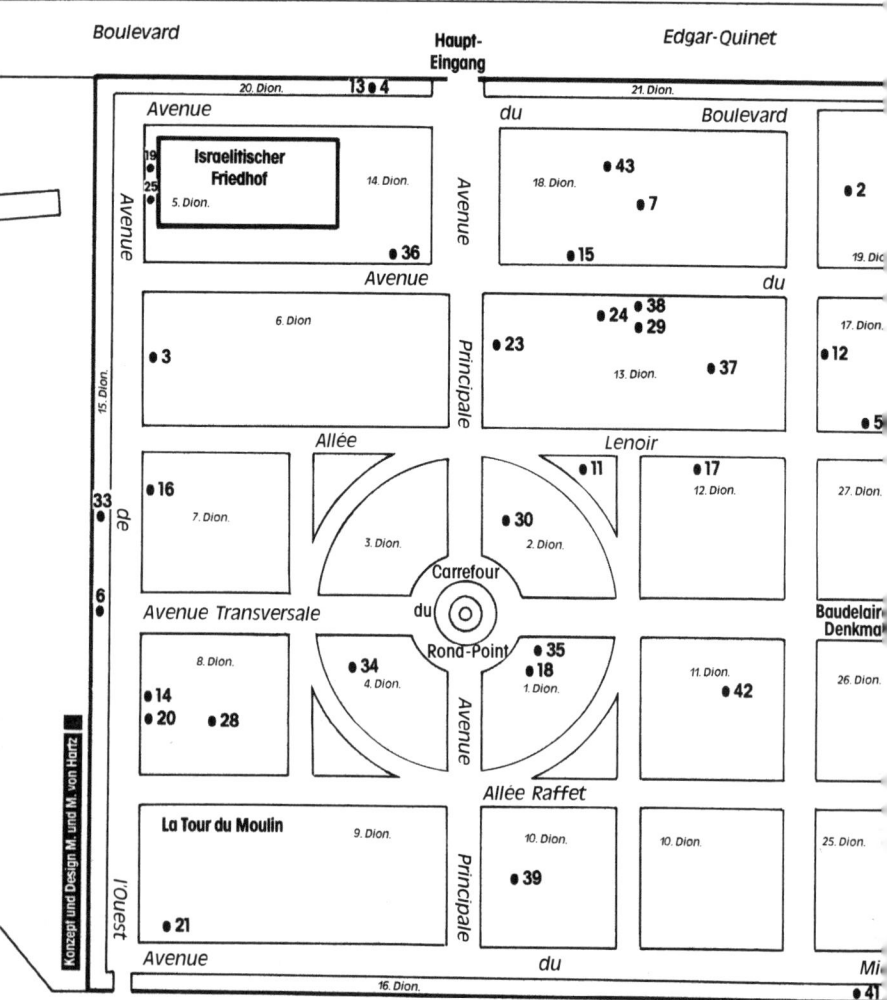

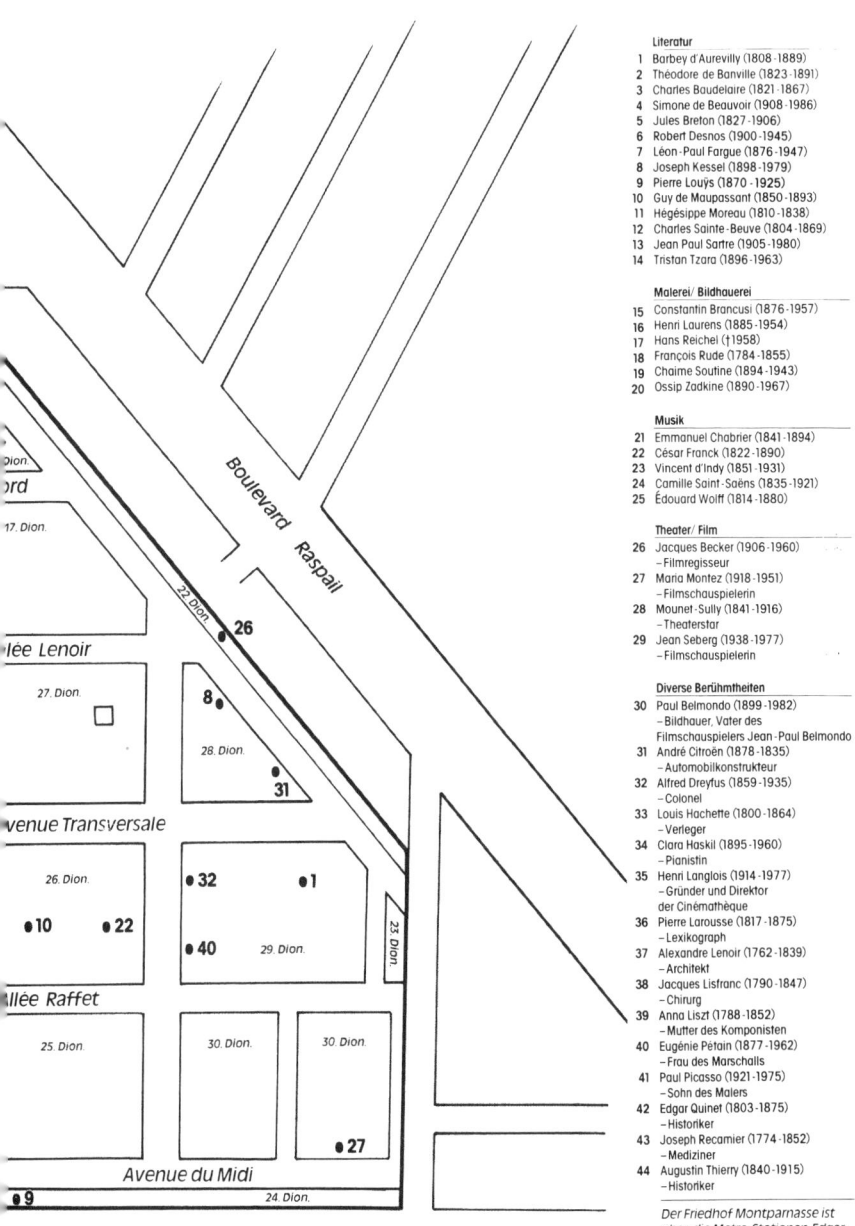

Boulevard Raspail

17. Dion.

22. Dion.

• 26

lée Lenoir

27. Dion.

8 •

28. Dion.

31

venue Transversale

26. Dion.

• 32   **• 1**

• 10   **• 22**

• 40   29. Dion.

llée Raffet

25. Dion.   30. Dion.   30. Dion.

25. Dion.

• 27

Avenue du Midi

• 9   24. Dion.

Literatur

1 Barbey d'Aurevilly (1808-1889)
2 Théodore de Banville (1823-1891)
3 Charles Baudelaire (1821-1867)
4 Simone de Beauvoir (1908-1986)
5 Jules Breton (1827-1906)
6 Robert Desnos (1900-1945)
7 Léon-Paul Fargue (1876-1947)
8 Joseph Kessel (1898-1979)
9 Pierre Louÿs (1870-1925)
10 Guy de Maupassant (1850-1893)
11 Hégésippe Moreau (1810-1838)
12 Charles Sainte-Beuve (1804-1869)
13 Jean Paul Sartre (1905-1980)
14 Tristan Tzara (1896-1963)

Malerei/ Bildhauerei

15 Constantin Brancusi (1876-1957)
16 Henri Laurens (1885-1954)
17 Hans Reichel (†1958)
18 François Rude (1784-1855)
19 Chaïme Soutine (1894-1943)
20 Ossip Zadkine (1890-1967)

Musik

21 Emmanuel Chabrier (1841-1894)
22 César Franck (1822-1890)
23 Vincent d'Indy (1851-1931)
24 Camille Saint-Saëns (1835-1921)
25 Édouard Wolff (1814-1880)

Theater/ Film

26 Jacques Becker (1906-1960)
 – Filmregisseur
27 Maria Montez (1918-1951)
 – Filmschauspielerin
28 Mounet-Sully (1841-1916)
 – Theaterstar
29 Jean Seberg (1938-1977)
 – Filmschauspielerin

Diverse Berühmtheiten

30 Paul Belmondo (1899-1982)
 – Bildhauer, Vater des
 Filmschauspielers Jean-Paul Belmondo
31 André Citroën (1878-1835)
 – Automobilkonstrukteur
32 Alfred Dreyfus (1859-1935)
 – Colonel
33 Louis Hachette (1800-1864)
 – Verleger
34 Clara Haskil (1895-1960)
 – Pianistin
35 Henri Langlois (1914-1977)
 – Gründer und Direktor
 der Cinémathèque
36 Pierre Larousse (1817-1875)
 – Lexikograph
37 Alexandre Lenoir (1762-1839)
 – Architekt
38 Jacques Lisfranc (1790-1847)
 – Chirurg
39 Anna Liszt (1788-1852)
 – Mutter des Komponisten
40 Eugénie Pétain (1877-1962)
 – Frau des Marschalls
41 Paul Picasso (1921-1975)
 – Sohn des Malers
42 Edgar Quinet (1803-1875)
 – Historiker
43 Joseph Récamier (1774-1852)
 – Mediziner
44 Augustin Thierry (1840-1915)
 – Historiker

*Der Friedhof Montparnasse ist
über die Metro-Stationen Edgar
Quinet und Denfert-Rocherau
(Katakomben) zu erreichen*

Dion. = Division

Prominente Tote weiterer Friedhöfe in Paris

Basilika Saint-Denis

Karl Martell (ca. 676–741), Robert II., der Fromme (ca. 970–1031), Philipp III., der Kühne (1245–1285), Ludwig X., der Zänker (1289–1316), Karl V., der Weise (1338–1380), Ludwig von Orléans (1372–1407), Karl VI. (1368–1422), Franz I. (1494–1547), Heinrich II. (1519–1559), Katharina von Medici (1519–1589), Ludwig XVI. (1754–1793), Marie Antoinette (1755–1793)

Friedhof von Auteuil

Charles Gounod (Komponist, 1818 bis 1893)

Friedhof von Batignolles

André Breton (Surrealist, 1896–1966), Paul Verlaine (Lyriker, 1844–1896)

Friedhof von Neuilly

Pierre Drieu La Rochelle (Schriftsteller, 1893–1945), Anatole France (Dichter, 1844–1924), André Maurois (Schriftsteller, 1885–1967)

Friedhof von Pantin

La Goulue (Revuetänzerin und Toulouse-Lautrec-Modell (? – ?), Jean-Pierre Melville (Filmregisseur, 1917 bis 1973)

Friedhof von Passy

Claude Debussy (Komponist, 1862 bis 1918), Gabriel-Urbain Fauré (Komponist, 1845–1924), Fernandel (Fernand Contandin) (Filmkomiker, 1903 bis 1971), Jean Giraudoux (Dramatiker, 1882–1944), Emmanuel Comte de Las Cases (Historiker, 1766–1842), Édouard Manet (Maler, 1832–1883), Charles-Maurice de Talleyrand-Périgord (Diplomat, 1754–1838)

Friedhof von Picpus

François-René Vicomte de Chateaubriand (Schriftsteller, 1768–1848), André Chénier (Dichter, 1762–1794), Marie Joseph Gilbert Motier Marquis de La Fayette (General und Politiker, 1757–1834), François de La Rochefoucauld-Liancourt (Philanthrop und Politiker, 1747–1827), Paul de Noailles (Historiker, 1802–1885), Friedrich Freiherr von der Trenck (Gardeleutnant Friedrichs des Großen, 1726–1794)

Friedhof Saint-Ouen

Ödön von Horváth (Dramatiker, 1901 bis 1938), Suzanne Valadon (Malerin, Mutter von Utrillo, 1867–1938)

Friedhof Saint-Vincent

Marcel Aymé (Schriftsteller, 1902 bis 1967), Arthur Honegger (Komponist,

1892—1955), Théophile Steinlen (Zeichner, 1859—1923), Maurice Utrillo (Maler, 1883—1955)

Friedhof von Thiais
Joseph Roth (Schriftsteller, 1894 bis 1939)

Invalidendom
Napoleon (1769—1821) und die Marschälle Henri de la Tour d'Auvergne Vicomte de Turenne (1611—1675), Charles Leclerc (General, 1772—1802), Edme Patrice Comte de Mac-Mahon (1808—1893), Ferdinand Foch (1851 bis 1929), Louis Hubert Lyautey (1854—1934)

Kirche Saint-Eustache
Colbert (General, 1777—1809), Jean-Philippe Rameau (Komponist, 1683 bis 1764), Scaramouche (Schauspieler, ca. 1600—1694), Anne de Cottentin Comte de Tourville (Marschall, 1642 bis 1701)

Kirche von Saint-Germain
René Descartes (Philosoph, 1596 bis 1650)

Kirche Saint-Pierre-et-Saint-Paul
Hortense de Beauharnais (1783 bis 1837), Kaiserin Joséphine (1763 bis 1814)

Panthéon
Alphonse Baudin (Mediziner und Politiker, 1811—1851), Victor Hugo (Schriftsteller, 1802—1885), Jean Jaurès (Admiral, 1823—1889), Maurice Quentin de La Tour (Maler, 1704—1788), Jean-Jacques Rousseau (Philosoph, 1712—1778), Voltaire (Schriftsteller und Philosoph, 1694—1778), Émile Zola (Schriftsteller, 1840—1902)

Diese Liste erhebt keinen Anspruch auf Vollständigkeit.

Beerdigung
in Frankreich
um 1900

Beerdigung (un enterrement). Nach der Anmeldung einer Leiche beim Standesamt (la déclaration du décès à la mairie) bestellt man die Ausführung der Bestattung (le convoi civil) bei der Entreprise des pompes funèbres. Das Trauergefolge (le convoi funèbre, le deuil) versammelt sich am Sterbehause (se réunit à la maison mortuaire) und begleitet die katholischen Leichen erst von da in die Kirche. An der Spitze gehen die beiden nächsten Verwandten des Verstorbenen (ils conuisent le deuil). Bei amtlichen Persönlichkeiten halten sechs bis acht Kollegen und Freunde während der Fahrt die Zipfelbänder des Bahrtuches, indem sie neben dem Leichenwagen herschreiten. Bei der Folge behält man den Hut in der Hand, wenn die Witterung es irgend gestattet; auf alle Fälle nimmt man den Hut ab, wenn der Sarg vom Leichenwagen (le corbillard ou le char funèbre) in die Kirche getragen wird. Auch Unbeteiligte pflegen unbedeck-

ten Hauptes an Leichenzügen vorüberzugehen; selbst die Kutscher der vorübergehenden Omnibusse und anderer Gefährte nehmen ihre Kopfbedeckung ab. In der Kirche stellen sich die Männer rechts, die Frauen (die sich auf anderem Wege in die Kirche begeben haben) links von der Leiche auf. Eigentümlich ist, daß der Ehemann nicht der Leiche seiner Frau folgt, so, wie auch eine Ehefrau nicht der Trauerfeier für ihren Mann beiwohnt. Nach Beendigung des Gottesdienstes (les funérailles, les obsèques) in der Kirche treten alle Leidtragenden der Reihe nach zum Katafalk, um denselben mit Weihwasser zu besprengen. Dann stellen sich die erwähnten beiden nächsten Verwandten an dem Ausgange auf und werden von jedem Einzelnen begrüßt. Am Grab wiederholt sich dasselbe nach der kirchlichen Einsegnung. (In kleinen Städten und auf den Dörfern drückt man die Hand der Verwandten mit Begrüßung nur einmal, und zwar an der Tür des Kirchhofes.) Zum Schlusse werden bei hervorragenden, besonders politischen und literarischen Persönlichkeiten, von Gesinnungsgenossen und Freunden Reden gehalten, um die Verdienste des Verstorbenen zu preisen und für die Partei Propaganda zu machen. Bei streng kirchlich Gesinnten geschieht es nie. — In protestantischen Familien wird diese Leichenfeier nicht in der Kirche (au temple) abgehalten, sondern im Trauerhause, in welchem nach Pariser Sitte und Vorurteil so lange die Fenster nicht geöffnet werden dürfen, als die Leiche sich in demselben befindet. Das Trauerzimmer ist durch zahlreiche Kerzen erhellt. Der Pastor verliest verschiedene Bibelstellen, denen er ein Gebet anschließt. Am Grabe spricht nur der Pastor, nicht, um den Verstorbenen zu verherrlichen, sondern um in frommen Worten an die Nichtigkeit des menschlichen Lebens zu erinnern. Eine eigentliche Leichenrede (une oraison funèbre) findet gewöhnlich nur statt, wenn der Verstorbene eine hervorragende Persönlichkeit war. – In Paris werden die Beerdigungen von der Compagnie des Pompes funèbres besorgt. Es gibt 9 Klassen der Beisetzung, die niedrigste kostet 9, die höchste 10 000 Fr. Zwei Drittel der Gestorbenen werden unentgeltlich in gemeinsamen Gräbern, die 150 Särge fassen, beerdigt. Auf dem Père-Lachaise und Montparnasse-Friedhofe gibt es nur noch Grabstellen auf ewige Zeit; eine solche concession perpétuelle kostet 1000 Fr. Eine Leichenverbrennung kostet 50 bis 300 Fr. Eine concession à perpétuité im Columbarium, wo die Asche der Verbrannten in Urnen aufgehoben wird, kostet 370 Fr. Sonst wird die Asche nur, wie die Leichen in den billigsten Grabstellen, 5 Jahre aufbewahrt und dann in eine gemeinsame Gruft geschüttet. Jährlich finden in Paris 5000 Leichenverbrennungen statt.

Land und Leute in Frankreich, aus:
Langenscheidts Sachwörterbuch, 1904

Was auf deutschen Friedhöfen verboten ist

- Krippen und sonstige An- und Aufsätze an Grabmälern,
- Grabkreuze aus Birkenstämmen oder anderen Rundhölzern,
- Grabmäler mit in Zement aufgetragenem ornamentalen figürlichen Schmuck,
- Grabmäler aus Terrazzo oder schwarzem Kunststein,
- Ölfarbenanstrich von Holz- und Steingrabmälern,
- Inschriften auf Grabmälern, die der Würde des Friedhofs nicht entsprechen oder mit den Grundsätzen der Verfassung nicht vereinbar sind,
- Silber- und Aluminiumschrift, Schriftzeichen aus farbiger Plastik oder farbigem Glas, nicht rostendem Stahl und eloxiertem Aluminium,
- Lichtbilder,
- Gebilde aus Baumrinde, Gips, Kork, Aluminium, Porzellan, Emaille, Glas, Blech sowie Tropfsteine, Perlkränze, Schlacken, nachgeahmte Baumstämme, Felsgrotten und fabrikmäßig hergestellte Massenerzeugnisse,
- eingelegte Naturstein-Schrifttafeln auf Grabmälern aus Betonwerkstein und auf Findlingen.

Aus der Friedhofsverordnung über die Gestaltung von Grabmälern

Literatur- und Quellenverzeichnis

Alvarez, A., Der grausame Gott, Hoffmann und Campe, Hamburg 1974

Ariès, Philippe, Geschichte des Todes, Hanser, München 1980

Balzac, Honoré de, Glanz und Elend der Kurtisanen, Winkler, München o. J.

Bandy, W. T./Pichois, Claude (Hrsg.), Baudelaire im Urteil seiner Zeitgenossen, Insel, Frankfurt 1969

Corbin, Alain, Pesthauch und Blütenduft, Klaus Wagenbach, Berlin 1984

Durant, Will & Ariel, The Age of Napoleon, Simon and Schuster, New York 1975

Fargue, Léon-Paul, Le Piéton de Paris, Éditions Gallimard, Paris 1939

Flaubert, Gustave, Werke, Briefe, Materialien, Diogenes, Zürich 1977

Friedell, Egon, Kulturgeschichte der Neuzeit, C. H. Beck'sche Verlagsbuchhandlung, München 1927

Furet, François/Richet, Denis, La Révolution, Librairie Hachette et Société des Études et des Publications Économiques, Paris 1965

Dr. Gannal, Les Cimetières depuis la Fondation de la Monarchie Française jusqu'à nos Jours, Muzard Et Fils, Paris 1884

Guide de Paris mystérieuse, Éditions Tchou Princesse, Paris 1985

Hädecke, Wolfgang, Heinrich Heine, Hanser, München 1985

Langlade, Vincent de, Ésotérisme, médiums, spirites du Père-Lachaise, Éditions Vermet, Paris 1985

Léautaud, Paul, Literarisches Tagebuch 1893−1956, Rowohlt, Reinbek 1966

Mercier, Louis Sébastien, Mein Bild von Paris, Insel-Taschenbuch 374, Frankfurt 1979

Nadar, Quand j'étais photographe, Paris 1900

Pernoud, Georges/Flaissier, Sabine (Hrsg.), Die Französische Revolution in Augenzeugenberichten, Karl Rauch, Düsseldorf 1962

Pierard, Marie-Laure, Le Cimetière Montparnasse, Michel Dansel éditeur, Paris 1983

Praz, Mario, Liebe, Tod und Teufel, Hanser, München 1960

Proust, Marcel, Auf der Suche nach der verlorenen Zeit, Suhrkamp, Frankfurt 1964

Sturm, Dieter/Völker, Klaus, Von denen Vampiren oder Menschensaugern, Hanser, München 1968

Anhang

Gedichte und Textauszüge:
Seite 54: Louis-Ferdinand Céline, Tod auf Kredit, Copyright © 1963 Rowohlt Verlag GmbH, Reinbek; *Seite 76:* Jean-Paul Sartre, Das Spiel ist aus, Rowohlt, Hamburg 1952, Copyright © Les Éditions Nagel, Paris; *Seite 86:* Victor Hugo, Die Elenden, deutsch: Paul Wiegler/ Wolfgang Günther, Copyright © Verlag Volk und Welt, Berlin (DDR) 1983 (deutsche Übersetzung); *Seite 111:* The End, The Doors, Gesang Jim Morrison, Copyright © 1967 by Doors Music Co., USA; *Seite 124:* Wolf Biermann, Auf dem Friedhof am Montmartre, aus: Wolf Biermann, Verdrehte Welt — das seh' ich gerne, Copyright © 1982 Verlag Kiepenheuer & Witsch, Köln; *Seite 146:* Guillaume Apollinaire, Das Haus der Toten, aus: Guillaume Apollinaire, Alkohol, Gedichte französischdeutsch, aus dem Französischen übertragen v. Johannes Hübner u. Lothar Klünner, Sammlung Luchterhand Bd. 192, Copyright © 1976 Luchterhand Verlag, Neuwied und Darmstadt; *Seite 159:* Charles Baudelaire, Der Vampyr, aus: Charles Baudelaire, Die Blumen des Bösen, Übersetzer: Carl Fischer, Copyright © 1979 Winkler Verlag, München
Wir danken den Verlagen für die Abdruckgenehmigung.

Die Aufmacherfotos:
S. 2/3: Montmartre; *S. 8/9:* Père-Lachaise; *S. 18/19:* Père-Lachaise; *S. 24/25:* Père-Lachaise; *S. 30/31:* Montparnasse; *S. 38/39:* Grab von Abélard und Héloïse, Père-Lachaise; *S. 116/117:* Montmartre; *S. 138/139:* Montparnasse; *S. 160/161:* Père-Lachaise; *S. 175:* Père-Lachaise
Umschlag (Rückseite): Montmartre
Alle Fotos wurden in den Jahren 1984/85/86 mit Nikon Fe 2 (Objektive 105/2,5, 50/1,4) und Olympus Om 1/Om 2 (Objektive 21/3,5, 28/2,0, 85/2,0, 100/2,8, 135/2,8 und 200/4,0 aufgenommen.
Danke, Gotta